铁路桥梁结构设计算例丛书

简支结合梁设计算例

吕佳欣　李晓煜　编著

中国铁道出版社

2011年·北京

图书在版编目(CIP)数据

简支结合梁设计算例/吕佳欣，李晓煜编著．—北京：
中国铁道出版社，2011.5
（铁路桥梁结构设计算例丛书）
ISBN 978-7-113-12743-5

Ⅰ.①简… Ⅱ.①吕… ②李… Ⅲ.①铁路桥—简支梁桥—结构设计—设计计算 ②铁路桥—组合梁桥—结构设计—设计计算 Ⅳ.①U448.212

中国版本图书馆 CIP 数据核字（2011）第 062159 号

书　　名：铁路桥梁结构设计算例丛书
简支结合梁设计算例
作　　者：吕佳欣　李晓煜　编著

责任编辑：张　婕　**电话**：(010)51873141　**电子信箱**：crph_zj@163.com
封面设计：郑春鹏
责任校对：孙　玫
责任印制：郭向伟

出版发行：中国铁道出版社(100054，北京市宣武区右安门西街 8 号)
网　　址：http://www.tdpress.com
印　　刷：中国铁道出版社印刷厂
版　　次：2011 年 5 月第 1 版　2011 年 5 月第 1 次印刷
开　　本：880 mm×1 230 mm　1/16　印张：4　字数：121 千
书　　号：ISBN 978-7-113-12743-5
定　　价：18.00 元

前　言

结合梁是近年来公路和铁路桥梁中广泛采用的一种结构形式。结合梁将两种不同特性的材料结合在一起，从而获得单一材料所不具备的力学特性，在大，中，小跨度桥梁工程中有着比钢结构和钢筋混凝土结构更加优越的特性。随着我国桥梁建设的快速发展以及对桥梁刚度、抗噪声、耐疲劳等要求的提高，结合梁使用的频率会越来越多，并将成为中等跨长的主流结构形式。

计算机的发展和普及使得当今工程师们的设计方法和解析手段更加丰富，设计速度和计算精度以及设计效率都大大地提高。但与此同时，也会使一些设计人员对设计内容、设计过程及设计结果的判断、分析和思考能力均呈现出退化的趋势，从而使得技术水平出现空洞化。所以简捷的手算仍然是工程师们的一个基本功。本算例以手算为主，并对主要的结构进行计算。参照本算例时，还应依据具体的设计条件和要求酌情取值。

对于想从事结合梁设计的工程技术人员来说，最重要的就是将整个设计内容从头到尾串联起来。设计算例是行业工程师们设计的样板，有着极强的设计指导作用。通过本算例，可使工程师们了解到结合梁的最基本设计内容及设计细节，加快对结合梁设计的了解和认识，尽快地掌握其设计方法，提高设计效率，保障结构的安全性，加快我国铁路和公路的建设速度。若能借鉴本算例进行实桥的设计，将是万分的荣幸。

鉴于编者知识有限，编写内容中难免有不妥或疏漏之处，敬请读者批评指正。

编　者

二〇一一年二月

目　录

§1 设计条件

1.1 基本设计条件

1. 设计构造物　既有线铁路桥梁
2. 构造形式　简支结合梁～双线两箱式
3. 线　　路　平面线形：直线区间内
　　　　　　纵向线形：水平区间内
4. 轨道构造　轨道构造：道砟式轨道(60 kg 级钢轨)
　　　　　　线路中心距：4.000 m
　　　　　　钢轨顶～箱梁腹板顶：

60 kg 级钢轨高	176	416 mm
轨道垫板厚	10	
轨枕高	230	
轨底道砟层厚	300	
桥面保护层厚	60	479 mm
排水层厚	59	
桥面板厚	280	
梗肋高	80	
	1 195 mm	

5. 构造尺寸　施工面宽度：10.800 m(对称构造)
　　　　　　梁　　长：49.100 m
　　　　　　跨　　度：48.000 m
　　　　　　主梁中心距：4.600 m
　　　　　　腹板中心距：2.200 m
　　　　　　主梁腹板高：3.000 m
6. 列车荷载　列车荷载：中—活载
　　　　　　列车速度：160 km/h
7. 风 荷 载　有车时：1.25 kN/m^2
　　　　　　无车时：2.10 kN/m^2
8. 人行荷载　：4.0 kN/m^2
9. 温度变化　主梁设计时：桥面板与钢梁的温度差 ±15°C
10. 防噪声措施　防振材料：箱梁腹板内侧设置
　　　　　　防振混凝土：箱梁下翼缘板上设置(厚 t = 150 mm)
11. 单位重量　钢　　材：W = 78.50 kN/m^3
　　　　　　钢筋混凝土：W = 25.00 kN/m^3
　　　　　　混 凝 土：W = 23.00 kN/m^3
　　　　　　防振材料：W = 0.25 kN/m^2
　　　　　　轨道重量：W = 7.00 kN/m (1 组钢轨 + 扣件 + 枕木)
　　　　　　道　　砟：W = 21.00 kN/m^3
　　　　　　过桥管线：W = 1.00 kN/m (含盖板)
　　　　　　模板(木制)：W = 1.00 kN/m
　　　　　　声 屏 障：P = 5.00 kN/m (每侧)
12. 使用年限　100 年
13. 使用材料　混凝土强度等级：C55
　　　　　　混凝土弹性模量：$[E_c]$ = 36 000 N/mm^2
　　　　　　主梁钢材：Q345q，Q420q
　　　　　　钢材弹性模量：$[E_s]$ = 210 000 N/mm^2
14. 设计规范
　　《铁路结合梁设计规定》(TBJ 24—89)　简称：《结合梁》
　　《铁路桥涵设计基本规范》(TB 10002.1—2005)　简称：《桥规》
　　《铁路桥梁钢结构设计规范》(TB 10002.2—2005)　简称：《钢桥》
　　《铁路钢桥制造规范》(TB 10212—2009)　简称：《制造》
　　《铁路桥涵钢筋混凝土和预应力混凝土结构设计规范》(TB 10002.3—2005)　简称：《混桥》

1.2 符号

1.2.1 外力

N — 轴向力

M — 弯矩

V — 剪力

1.2.2 内力

N_h — 混凝土桥面板截面内的法向力

N_s — 钢梁截面内的法向力

M_h — 混凝土桥面板截面中的弯矩

M_s — 钢梁截面中的弯矩

σ_h — 混凝土桥面板的法向应力

σ_s — 钢梁的法向应力

1.2.3 应力

$[\sigma]$ — 钢材轴向容许应力

$[\sigma_w]$ — 钢材弯曲容许应力

$[\sigma_p]$ — 钢材承压容许应力

$[\sigma_o]$ — 构件或连接的疲劳容许应力幅

$[\sigma_c]$ — 中心受压时混凝土的容许应力

$[\tau]$ — 钢材剪切容许应力

$[\tau_c]$ — 纯剪时混凝土的容许剪应力

$[P]$ — 高强度螺栓的容许抗滑承载力

$[T]$ — 联结器的容许应力荷载

$[T_n]$ — 联结器的容许疲劳荷载

1.2.4 截面

SLAB — 桥面板

FLG — 钢梁翼缘板

Web — 钢梁腹板

Rib — 钢梁纵向加劲肋

A_n — 截面积(换算成钢)

I_h — 混凝土桥面板自身的惯性矩

I_s — 钢梁自身的惯性矩

I_n — 结合梁截面的换算惯性矩(换算成钢)

S — 面积矩(换算成钢)

1.2.5 计算系数

E_h — 混凝土的弹性模量

E_g — 钢的弹性模量

ε — 混凝土的收缩率

α — 钢或混凝土的线膨胀系数

t — 钢梁与混凝土桥面板的温度差

μ_f — 活载冲击力的动力系数

μ_0 — 高强度螺栓连接的钢材表面抗滑移系数

m — 高强度螺栓连接处的抗滑面数

k — 安全系数

n — 计算温度变化影响时,钢与混凝土的弹性模量比

n_1 — 计算考虑徐变的恒载和混凝土收缩时,钢与混凝土的弹性模量比

n_2 — 计算活载时,钢与混凝土的弹性模量比

1.3 设计概图

结合梁设计概图 S=1/100，1/50

侧面图

平面图

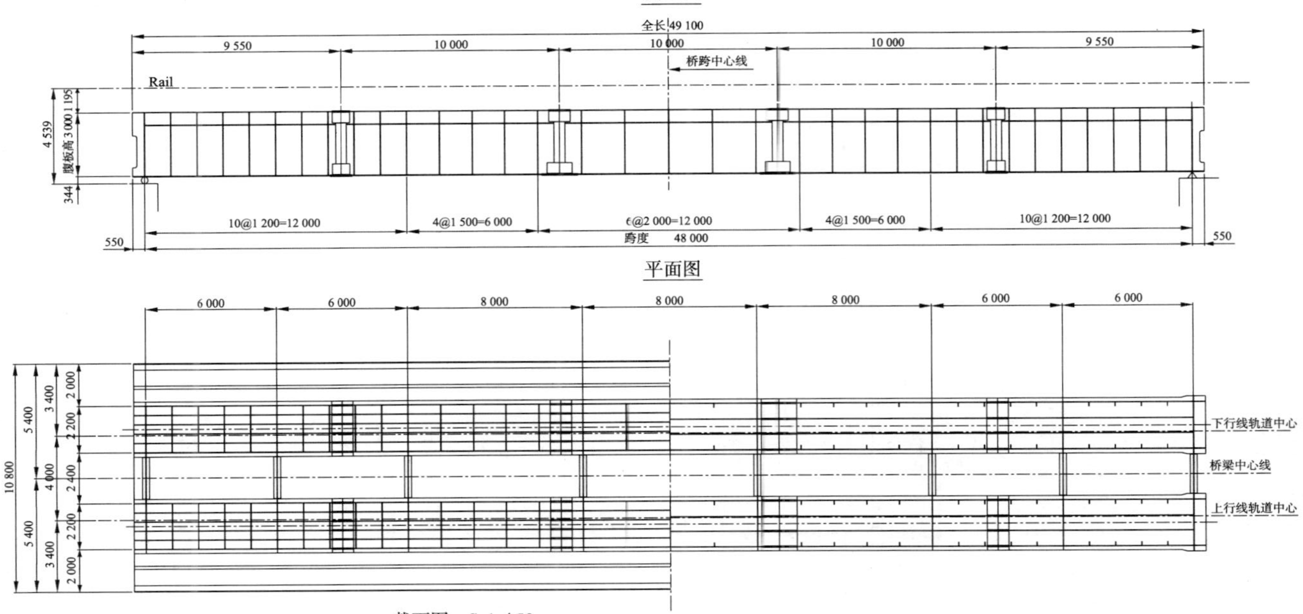

截面图 S=1 / 50

端部　　跨中截面

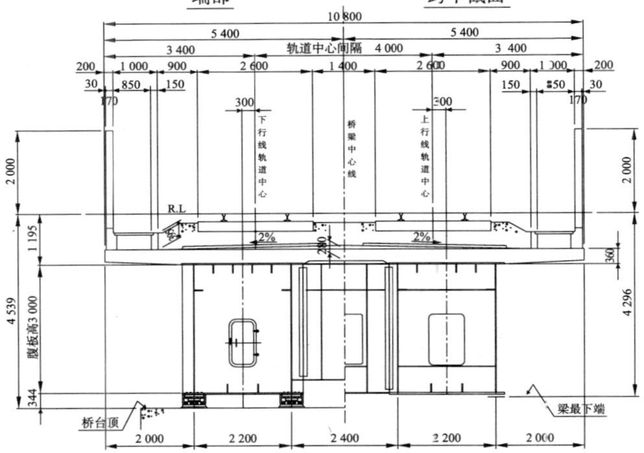

设计条件

线　名	0 0 0 0　线　0 0 0 0		
构造形式	双线简支结合梁		
桥　长	49.100 m　　跨度48.000 m		
列车荷重	中—活载		
设计速度	v =160 km/h		
轨道种别	道砟式		
曲线半径	上行线：直线，$R=\infty$m		
	下行线：直线，$R=\infty$m		
斜　角	90.0°		
声屏障荷重	5.0 kN/m		
温度变化	±15℃		
支承构造	橡胶支座		
构造物的环境条件	一般的环境		
混凝土材质	弯曲容许应力	最大水灰比	粗骨料的最大尺寸
桥面板（C_{55}）	18.5 N/mm²	55 %	25 mm
挡砟墙（C_{40}）	13.5 N/mm²	60 %	25 mm
钢材的材质	种别	屈服点	弯曲容许应力
钢　梁（Q345q）	$t\leqslant16$	345 N/mm²	210 N/mm²
	$16<t\leqslant35$	325 N/mm²	200 N/mm²
	$35<t\leqslant50$	315 N/mm²	195 N/mm²
	$50<t\leqslant60$	305 N/mm²	188 N/mm²
钢　梁（Q420q）	$t\leqslant16$	420 N/mm²	240 N/mm²
	$16<t\leqslant35$	410 N/mm²	230 N/mm²
	$35<t\leqslant50$	400 N/mm²	225 N/mm²
	$50<t\leqslant60$	390 N/mm²	220 N/mm²
钢　筋（HRB335）	种别	抗拉强度标准值	引张容许应力
		335 N/mm²	180 N/mm²
净保护层	桥面板上面	桥面板下面	
	30 mm 以上	35 mm 以上	

设计规范
- 铁路结合梁设计规定　(TBJ 24—89)　（铁道部标准 1990.5.1）
- 铁路桥梁钢结构设计规范 (TB10002.2—2005)　（行业标准　2005.6.14）
- 铁路桥梁设计基本规范　(TB10002.1—2005)　（行业标准　2005.6.14）
- 铁路桥涵钢筋混凝土和预应力混凝土結结构设计规范　（TB10002.3—2005）（行业标准　2005.6.14）
- 铁路钢桥制造规范　（TB10212—98）　（行业标准　1999.1.1）
- 铁路轨道设计规范　（TB10082—2005）　（行业标准　2005.4.25）

轨顶起尺寸

	主梁支座面	
6C kg 钢轨	176	
垫板	10	
轨枕	230	
道砟	300	
桥面保护层	60	1 195
排水坡	59	
桥面板	280	
梗肋	80	
钢梁腹板高	3 000	
下翼缘板厚	16	
支承垫板	28	
支座	270	
无收缩性填充物	30	
合计	4 539	

主梁最下端距离	
（1 195）	4 195
下翼缘板	48
拼接板	26
垫圈	5
螺母	24
合计	4 298

桥面板滴水槽大样　S=1/5

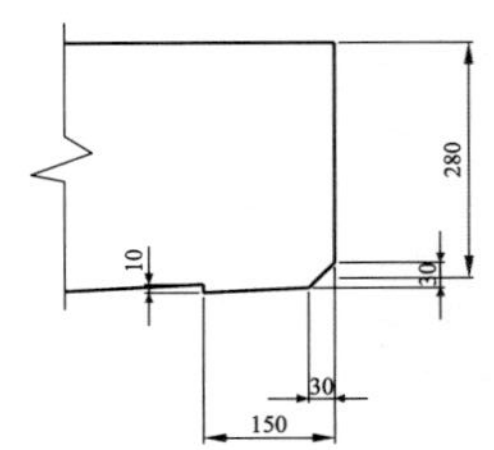

说明：1.本图尺寸均以mm为单位。
2.○为活动端，△为固定端。

000　000设计事务所		工程名称	000　　000工程
设计	000　000	图号	
照查	000　000	比例	1:100
设计负责人		日期	0000年0月0日
主任工程师			
室主任			
科长	结合梁设计概图	第 0 枚　共 0 枚	
所长			

§2　桥面板设计

前提：

(1)桥面板用钢筋混凝土设计理论进行检算。

(2)荷载沿桥轴方向 1.0 m 长作为单向板计算单位。

(3)桥面板通常是以钢梁腹板作为支点，连续梁模式计算。由于作用在悬臂部分的截面力较大，所以本设计对悬臂部分做详细计算。

2.1　设计条件

2.1.1　桥面板截面形状

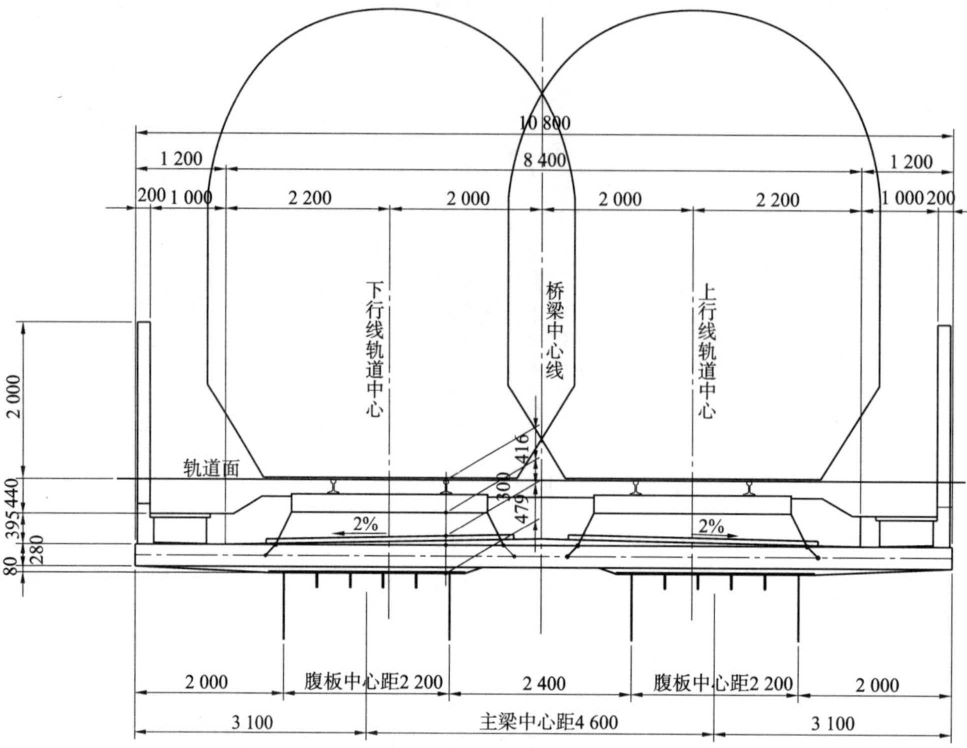

2.1.2　材料

混凝土

混凝土强度等级：C55

设计弯曲受压强度：$[\sigma_b]$ = 18.5 N/mm^2

钢筋混凝土主拉应力：$[\sigma_{tp-1}]$ = 2.97 N/mm^2

混凝土弹性模量：$[E_c]$ = 36 000 N/mm^2

弹性模量比：n = 10

钢筋

普通螺纹钢筋：HRB335

设计张拉强度：$[f_s]$ = 335 N/mm^2

钢材弹性模量：$[E_s]$ = 200 000 N/mm^2

截面最小配筋率：ρ = 0.20%

钢筋的净保护层厚度：桥面板上面　30 mm

桥面板下面　35 mm

2.2 荷载计算

● 轨道重量和列车重量的分布宽度：

（轨枕宽度）+（两端轨枕下道砟层 2 : 1 坡底的宽度）+（45°至桥面板有效厚度中心位置的宽度）

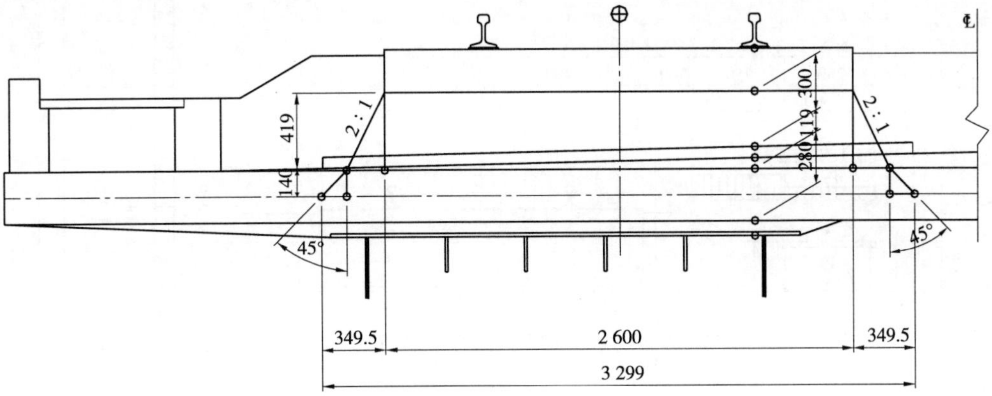

轨道重量和列车重量的分布宽度

分布宽度 b_ϵ = 2.600 + 0.419 + 0.280 = 3.299 m

2.2.1 恒载

● 恒载：桥面板自重，排水坡，道砟，轨道，电缆槽外墙，挡砟墙，栏杆和立柱，电缆，声屏障。

● 由于道砟实际重量的不确定性，所以计算道砟荷载时重量增加 10%。

● 考虑到人工养护道砟桥面时，在人行道上有堆砟以及更换轨枕的需要，所以将其也计入恒载之中，但不与列车荷载组合。

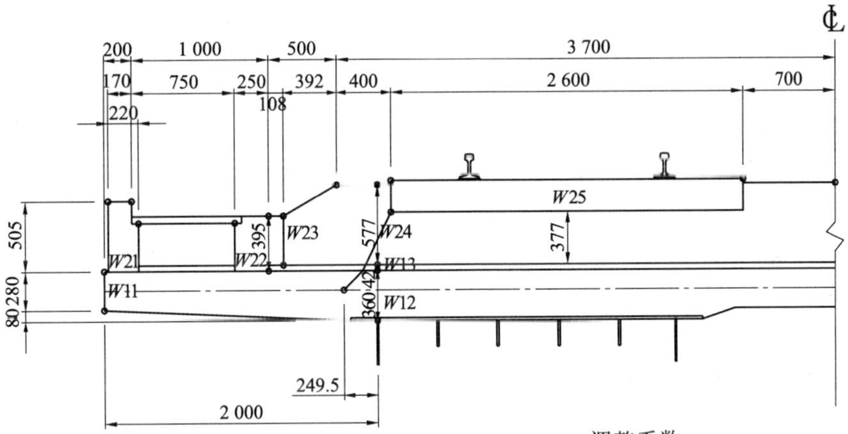

调整系数

桥　面　板	W_{11}	=	25.0	×	0.280	×	1.000	×	1.0	=	7.0 kN/m
	W_{12}	=	25.0	×	0.360	×	1.000	×	1.0	=	9.0 kN/m
排　水　坡	W_{13}	=	23.0	×	0.042	×	1.000	×	1.0	=	1.0 kN/m
电缆槽外墙	W_{21}	=	25.0	×	0.505	×	1.000	×	1.0	=	12.6 kN/m
挡　砟　墙	W_{22}	=	25.0	×	0.395	×	1.000	×	1.0	=	9.9 kN/m
道　　　砟	W_{23}	=	21.0	×	0.353	×	1.000	×	1.1	=	8.2 kN/m
	W_{24}	=	21.0	×	0.577	×	1.000	×	1.1	=	13.3 kN/m
轨　　　道	W_{25}	=	7.0	/	3.299	×	1.000	×	1.0	=	2.1 kN/m

堆放道砟	W_{26}	=	1.0	×	10.0	=	10.0 kN/m	轨道中心 ~2.45 m 以内　《桥规》4.5.1
堆放道砟	W_{27}	=	1.0	×	4.0	=	4.0 kN/m	轨道中心 ~2.45 m 以外　《桥规》4.5.1
声　屏　障	N_1	=	1.0	×	5.0	=	5.0 kN	
电　　　缆	N_2	=	1.0	×	1.0	=	1.0 kN/m	
道　砟　车	N_3	=	1.5 kN					《桥规》4.5.1

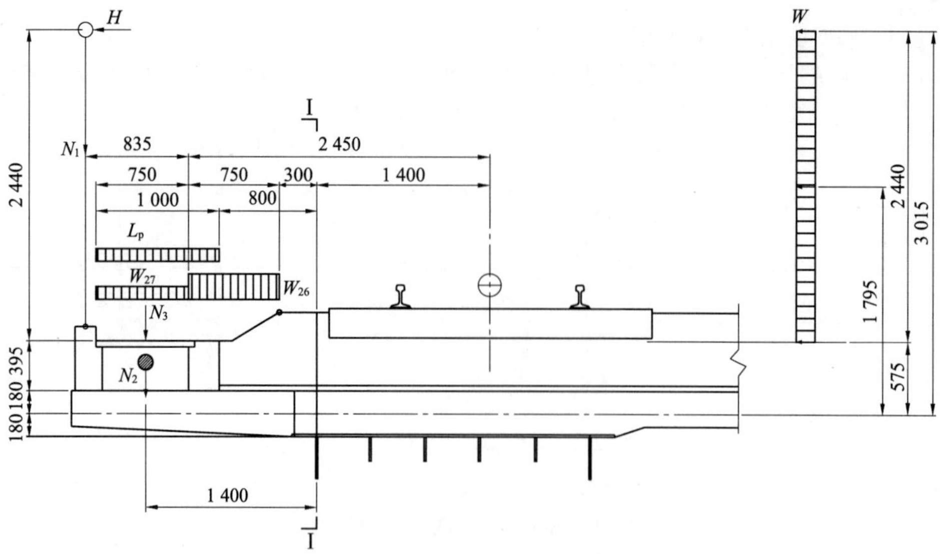

人行道道砟

2.2.2　人行道荷载

• 人行道荷载:人群荷载,栏杆推力。依据《桥规》4.5.1 立柱和扶手应按 1.0kN 集中力考虑,但是本设计中设置了声屏障,因而可不计。

人群荷载 $L_p = 1.0 \times 4.0 = 4.0$ kN/m　　《桥规》4.5.1

栏杆水平推力 $H = 1.0 \times 0.75 = 0.75$ kN　　《桥规》4.5.1

2.2.3　列车荷载

轨枕长度方向等分布荷载

$W_L = P / b_e = 220 / 3.299 = 66.7$ kN/m

$P = 220$ kN　　(列车轴重)

$b_e = 3.299$ m　　(横向分布宽度)

2.2.4　动力系数

$$\mu = 4 \times (1-h) \times 6 / (30+L)$$
$$= 4 \times (1-0.377) \times 6 / (30+0.499)$$
$$= 0.490$$

《桥规》4.3.5

$h = 0.377$ m　　(轨枕底道砟平均厚度)

$L = 2 \times 0.2495 = 0.499$ m　　(计算长度)

2.2.5　风力

有车时　$W_d = W \times H_w = 1.250 \times 2.440 = 3.050$ kN/m

无车时　$W_d = W \times H_w = 2.100 \times 2.440 = 5.124$ kN/m

2.3 截面力计算

2.3.1 弯矩（Ⅰ—Ⅰ位置）

桥面板	9.00 × 2.000 × 2.000 / 2	= 18.00 kN·m
	−2.00 × 1.800 / 2 × (− 1.800 / 3 + 2.000)	= −2.52 kN·m
排水坡	1.00 × 0.800 × 0.800 / 2	= 0.32 kN·m
	1.00 × 0.700 × (2.000 − 0.250 − 0.700 / 2)	= 0.98 kN·m
电缆槽外墙	12.60 × 0.220 × (2.000 − 0.030 − 0.220 / 2)	= 5.16 kN·m
挡砟墙	9.90 × 0.250 × (2.000 − 1.200 + 0.250 / 2)	= 2.29 kN·m
道砟	8.20 × 0.800 × 0.800 / 2	= 2.62 kN·m
	13.30 × 0.300 × 0.300 / 2	= 0.60 kN·m
	(13.30 − 8.20)× 0.392 / 2 × (0.30 + 0.392 / 3)	= 0.43 kN·m
轨道	2.10 × 0.2495 × 0.2495 / 2	= 0.07 kN·m
声屏障	5.00 × (2.000 − 0.030 − 0.170 / 2)	= 9.43 kN·m
电缆	1.00 × 1.400	= 1.40 kN·m
	M_{D1}	= 38.77 kN·m

堆放道砟	10.00 × 0.750 × (0.750 / 2 + 0.300)	= 5.06 kN·m
堆放道砟	4.00 × 0.750 × (0.750 / 2 + 1.050)	= 4.28 kN·m
换砟车	1.50 × 1.400	= 2.10 kN·m
	M_{D2}	= 11.44 kN·m

人群荷载	4.00 × 1.000 × (1.000 / 2 + 0.800)	= 5.20 kN·m
水平推力	0.75 ×(2.440 + 0.395 + 0.360 / 2)	= 2.26 kN·m
	M_{LP}	= 7.46 kN·m

（单向板宽 1.000，有效宽 0.499）

列车荷载	M_L = 66.70 × 0.2495 × 0.2495 / 2 × 1.000 / 0.499	= 4.16 kN·m
动力荷载	M_μ = 4.16 × 0.490	= 2.04 kN·m
有车时风力	M_{w1} = 3.050 × (2.440 / 2 + 0.395 + 0.360 / 2)	= 5.47 kN·m
无车时风力	M_{w2} = 5.124 × (2.440 / 2 + 0.395 + 0.360 / 2)	= 9.20 kN·m

荷载组合（弯矩） （kN·m）

荷载组合	恒载	换砟	人群	列车	动力荷载	有车风力	无车风力	设计用值
	D_1	D_2	L_P	L	μ	W_1	W_2	Σ
弯矩特征值	38.77	11.44	7.46	4.16	2.04	5.47	9.20	
D_1+L_P+L	1.00		1.00	1.00				50.39
$D_1+L+\mu+W_1$	1.00			1.00	1.00	1.00		50.44
D_1+W_2	1.00						1.00	47.97
D_1+D_2	1.00	1.00						50.21

2.3.2 剪力（Ⅰ—Ⅰ位置）

桥 面 板 9.00 × 2.000 = 18.00 kN
−2.00 × 1.800 / 2 = −1.80 kN
排 水 坡 1.00 × 0.800 = 0.80 kN
1.00 × 0.700 = 0.70 kN
电 缆 槽 12.60 × 0.220 = 2.77 kN
挡 砟 墙 9.90 × 0.250 = 2.48 kN
道 砟 8.20 × 0.800 = 6.56 kN
13.30 × 0.300 = 3.99 kN
(13.30 − 8.20) × 0.392 / 2 = 1.00 kN
轨 道 2.10 × 0.2495 = 0.52 kN
声 屏 障 5.00 = 5.00 kN
电 缆 1.00 = 1.00 kN

S_{D1} = 41.02 kN

堆放道砟 10.00 × 0.750 × (0.750 / 2 + 0.300) = 5.06 kN
堆放道砟 4.00 × 0.750 × (0.750 / 2 + 1.050) = 4.28 kN
换 砟 车 1.50 × 1.400 = 2.10 kN

S_{D2} = 11.44 kN

人群荷载 S_{LP} = 4.00 × 1.000 = 4.00 kN

单向板宽 有效宽
列车荷载 S_L = 66.70 × 0.2495 × 1.000 / 0.499 = 33.35 kN
动力荷载 S_μ = 33.35 × 0.490 = 16.34 kN

荷载组合（剪力） （kN）

荷载组合	恒载	换砟	人群	列车	动力荷载	有车风力	无车风力	设计用值
	D_1	D_2	L_P	L	μ	W_1	W_2	Σ
剪力特征值	41.02	11.44	4.00	33.35	16.34			
D_1+L_P+L	1.00		1.00	1.00				78.37
$D_1+L+\mu+W_1$	1.00			1.00	1.00	1.00		90.71
D_1+W_2	1.00						1.00	41.02
D_1+D_2	1.00	1.00						52.46

2.4 截面检算

前提：

(1)桥面板悬臂部承受负弯矩的同时，剪力也较大。为了简化计算，剪力也在同一位置检算。

(2)单筋设计较双筋设计安全而且简捷，所以本设计采用单筋设计。

(3)由于梁端设置了端横梁，所以不用配筋进行补强也可。但配筋类型太多，所以与悬臂部同样处理。

2.4.1 强度检算

梗胁高 60 mm，箱形梁上翼缘板厚度假定按 20 mm 计。

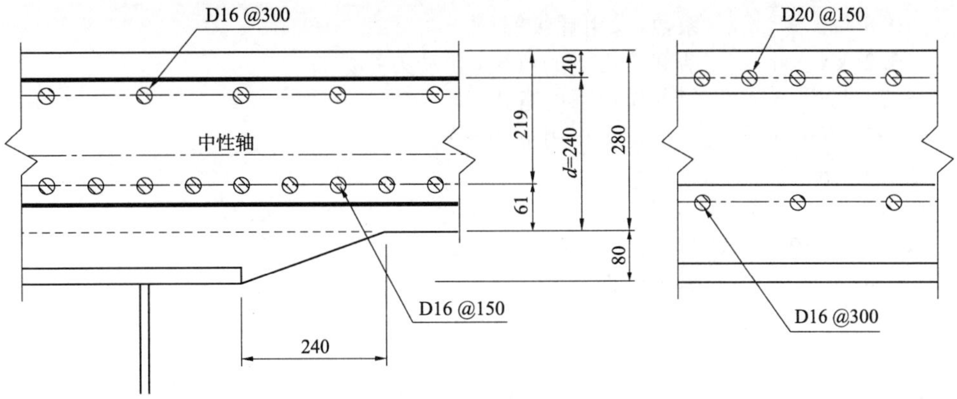

弯曲强度计算

螺纹主筋 $D20$ (HRB335)

A_s = 1000 / 150 × 314.2 = 2 094 mm^2

n = 10

b = 1 000 mm

d = 240 mm

p = $A_s/(b \times d)$ = 2094 / (1 000 × 240) = 0.008 7

$n \times p$ = 10 × 0.0087 = 0.087

α = $[(n \times p)^2 + 2 \times (n \times p)]^{0.5} - (n \times p)$ = 0.3395

x = $\alpha \times d$ = 0.3395 × 240 = 81.5 mm

J = $1 - \alpha / 3$ = 0.8868

M = 50.44 kN·m

σ_s = $M / (A_s \times J \times d)$

= 50.44 × 10^6 / (2 094 × 0.886 8 × 240)

= 113.2 N/mm^2 < $[\sigma_s]$ = 180 N/mm^2

σ_c = $2M / (a \times J \times b \times d^2)$

= 2 × 50.44 × 10^6 / (0.3 395 × 0.886 8 × 1 000 × 240^2)

= 5.8 N/mm^2 < $[\sigma_b]$ = 18.5 N/mm^2

剪应力强度计算

τ = $V / (b \times d)$

= 90.71 × 10^3 / (1000 × 240)

= 0.4 N/mm^2 < $[\sigma_{tp-1}]$ = 2.97 N/mm^2

2.4.2　裂纹宽度检算

因为，桥面板上面设有排水坡，所以采用有防护措施的裂纹宽度容许值

裂缝宽度检算

$w_f = K_1 \times K_2 \times r \times \sigma_s / E_s \times [80 + (8 + 0.4d) / \mu_z^{0.5}]$

$= 0.8 \times 1.472 \times 1.2 \times 100.9 / 200\,000 \times [80 + (8 + 0.4 \times 20) / 0.026\,2^{0.5}]$

$= 0.13\ \text{mm} < [w_f] = 0.25\ \text{mm}$　　《混桥》5.2.8

式中

$K_1 = 0.8$　螺纹筋

$K_2 = 1 + \alpha \times M_1 / M + 0.5 \times M_2 / M = 1.472$

$\alpha = 0.3$　系数:采用螺纹筋

$M_1 = 6.2\ \text{kN} \cdot \text{m}$　活载作用下的弯矩(含动力系数)

$M_2 = 38.77\ \text{kN} \cdot \text{m}$　恒载作用下的弯矩

$M = 44.97\ \text{kN} \cdot \text{m}$　全部荷载作用下的弯矩

$x = 81.5\ \text{mm}$

$r = (280 - x) / (280 - x - 40) = 1.252$　取 1.2

$\sigma_s = 44.97 / 50.4 \times 113.2 = 100.9\ \text{N/mm}^2$

$d = 20\ \text{mm}$　螺纹筋直径

$\mu_z = (B_1 \times n_1 + B_2 \times n_2 + B_3 \times n_3) \times A_{sl}/A_{cl} = 0.026\,2$

$A_{sl} = 2\,094\ \text{mm}^2$;

$A_{cl} = 2 \times a \times b = 2 \times 40 \times 1\,000 = 80\,000\ \text{mm}^2$

§3 主梁设计

3.1 截面形状

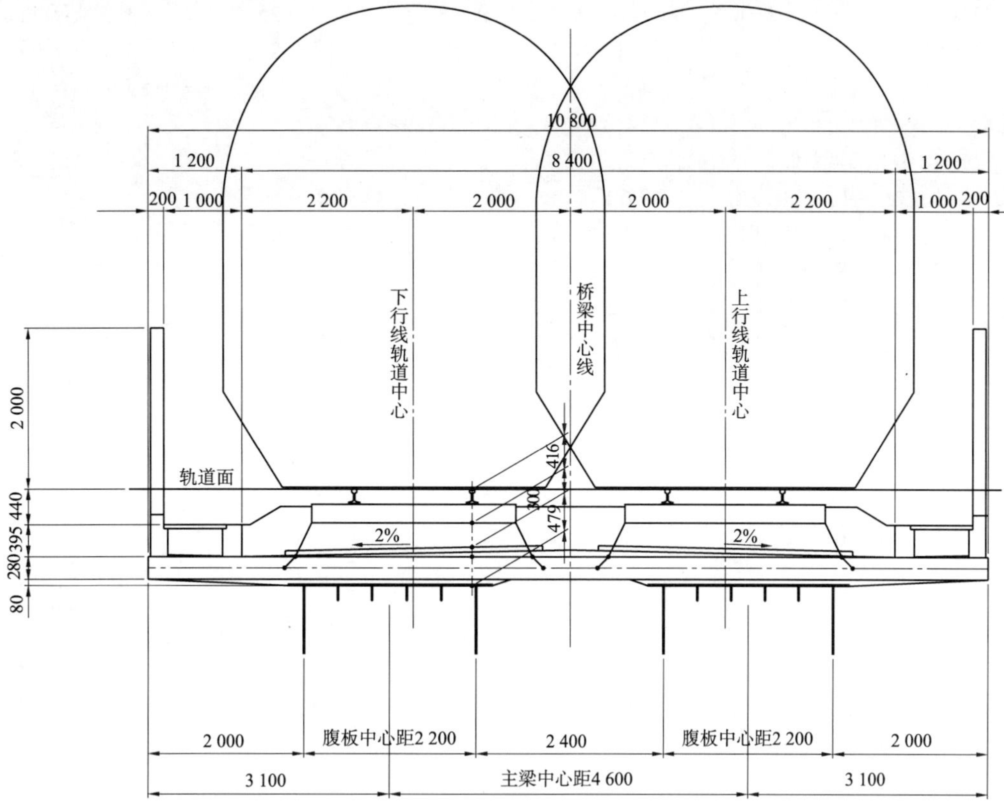

截面形状图

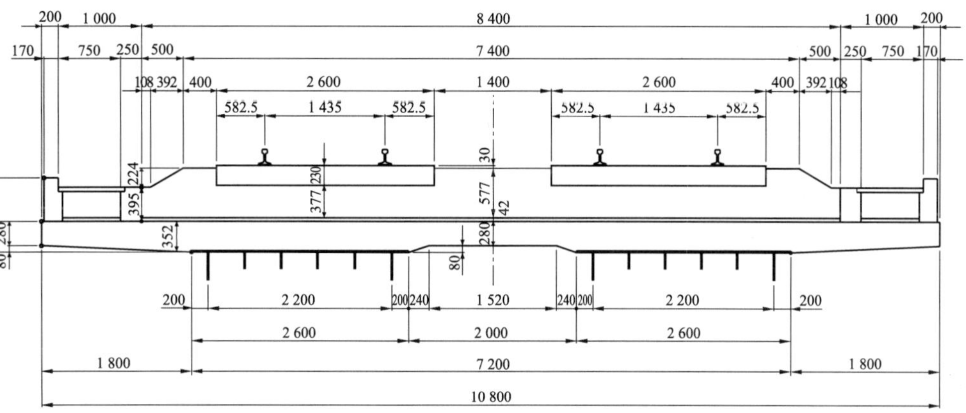

桥面形状图

3.2 荷载计算

3.2.1 一期恒载(D_1)

桥面板：

桥面板		(10.800	+ 7.200)	×	0.36	/	2	× 25.0	=	81.0	kN/m
扣除	−	(2.000	+ 1.520)	×	0.08	/	2	× 25.0	=	−3.5	kN/m
排水坡			0.042	×	8.400			× 23.0	=	8.1	kN/m
								W_{D11}	=	85.6	kN/m

钢梁重量：

假定跨中主梁截面

1	−	U. FLG. PL	2 600	×	16	=	41 600	mm^2	
4	−	U. RIB. PL	160	×	16	=	10 240	mm^2	
2	−	WEB. PL	3 000	×	12	=	72 000	mm^2	
2	−	L. RIB. PL	120	×	12	=	2 880	mm^2	
1	−	L. FLG. PL	2 260	×	40	=	90 400	mm^2	
					A_g	=	217 120	mm^2	→ 0.2180 m^2

假定横梁截面

1	−	U. FLG. PL	300	×	12	=	3 600	mm^2	
1	−	WEB. PL	3 000	×	12	=	36 000	mm^2	
1	−	L. FLG. PL	300	×	12	=	3 600	mm^2	
					A_g	=	43 200	mm^2	→ 0.0432 m^2

							调整系数		数目			
主梁	0.2180	×	48.000	×	78.5	×	1.4	×	2	=	2 300	kN
横梁	0.0432	×	2.400	×	78.5	×	1.2	×	8	=	78	kN
									小计	=	2 378	kN
				W_{D12}	=	2 378/48.0				=	49.6	kN/m

模板：

(0.505	+ 0.280)	×	1.00	×	2	=	1.6	kN/m
	1.800	×	1.00	×	2	=	3.6	kN/m
	2.000	×	1.00	×	1	=	2.0	kN/m
				W_{D13}		=	7.2	kN/m

概算重量(2 主梁合计)　W_{D1} = 85.6 + 49.6 + 7.2 = 142.4 kN/m

3.2.2 二期恒载(D_2)

轨道重量

							调整系数			
枕木底道砟重量	0.377	×	2.6	×	21.0	×	1.2	=	24.70	kN/m
钢轨重量					0.6	×	2	=	1.20	kN/m
轨枕＋扣件重量			3.46	×	1 667	/	1 000	=	5.70	kN/m
							(单线部分)	=	31.60	kN/m
							(双线部分)	=	63.2	kN/m

道砟重量

									调整系数			
中间部			0.58	×	1.400	×	21.0	×	1.2	=	20.36	kN/m
两侧		2	× 0.4	×	0.550	×	21.0	×	1.1	=	14.68	kN/m
两侧	2 × 1/2	× (0.792	+ 0.4)	×	0.224	×	21.0	×	1.2	=	6.70	kN/m
									(双线部分)	=	41.7	kN/m

挡砟墙以及电缆槽外墙

0.505	×	0.170	×	25.0	×	2	=	4.30 kN/m
0.395	×	0.250	×	25.0	×	2	=	4.90 kN/m
					(双线部分)		=	9.20 kN/m

防振混凝土　　0.150 × 2.200 × 25.0 × 2 = 16.500 kN/m

恒载一览表(2 主梁合计)　　(kN/m)

项目			双线恒载
结合前 (一期恒载)	D_1	桥面板重量	85.6
		钢梁重量	49.6
		模板重量	7.2
		小计	142.4
结合后 (二期恒载)	D_2	轨道重量	63.2
		道砟重量	41.7
		挡砟墙以及电缆槽外墙	9.2
		过桥电缆及盖板	2.0
		过桥通讯电缆及盖板	2.0
		声屏障	10.0
		防振混凝土	16.5
		模板拆除	-7.2
		小计	137.4
恒载合计			279.8

3.2.3　活载:L

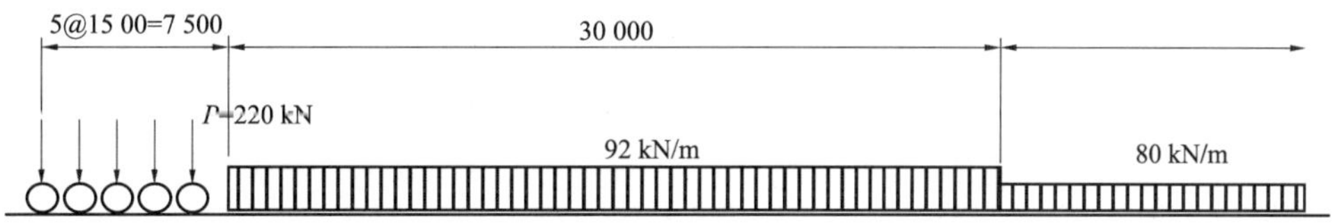

《中—活载》(普通活载)

强度及挠度检算:双线列车活载总和 ×90%　　《桥规》4.3.9

钢桥疲劳检算:单线列车活载　　《钢桥》4.3.2

3.2.4　动力系数:μ

钢与钢筋混凝土板的结合梁　　《桥规》4.3.5

$$1 + \mu = 1 + 22/(40 + L)$$

钢梁疲劳计算用　　《钢桥》4.3.1

$$1 + \mu_f = 1 + 18/(40 + L)$$

式中,L 除承受局部活载杆件为影响线加载长度外,其余均为桥梁跨度(m)。

3.2.5　纵向伸缩力:L_R

7.0 kN/m　　《轨道》P80　附录 H

3.2.6　制动力或牵引力:B

列车竖向静活载的 10% 计算。双线时单线加载。

列车竖向静活载的 7% 计算。双线时单线加载。

式中,L 除承受局部活载杆件为影响线加载长度外,其余均为桥梁跨度(m)。
作用在轨顶以上 2.0 m 处。

3.2.7 列车横向摇摆力:L_F

列车横向摇摆力,集中力 $L_F = 100\ \text{kN}$,作用在跨度最不利位置。
作用位置:水平方向垂直线路中心线的轨道上。
双线时单线加载。

3.2.8 风荷载:W

有车时:$W = K_1 \times K_1 \times 800 \approx 1\,250\ \text{Pa}$
列车高 =3.0 m,作用中心为轨顶以上 2.0 m。

3.3 截面力计算

前提:

(1)此桥为双线梁,主梁设计时的作用力,通常是将双线作为格子梁进行计算。

(2)竖直荷载。

双线格子梁计算时,作用力最大值应为双线加载时的状况,此时格子构造相互应力分配不大,即便以两单线箱梁设计也可。

(3)水平荷载

双线格子梁状况,结合梁面外刚度较大,所以水平力以及水平力引起的扭转力矩较小,可省略不计。

3.3.1　影响线

(1)弯矩影响线

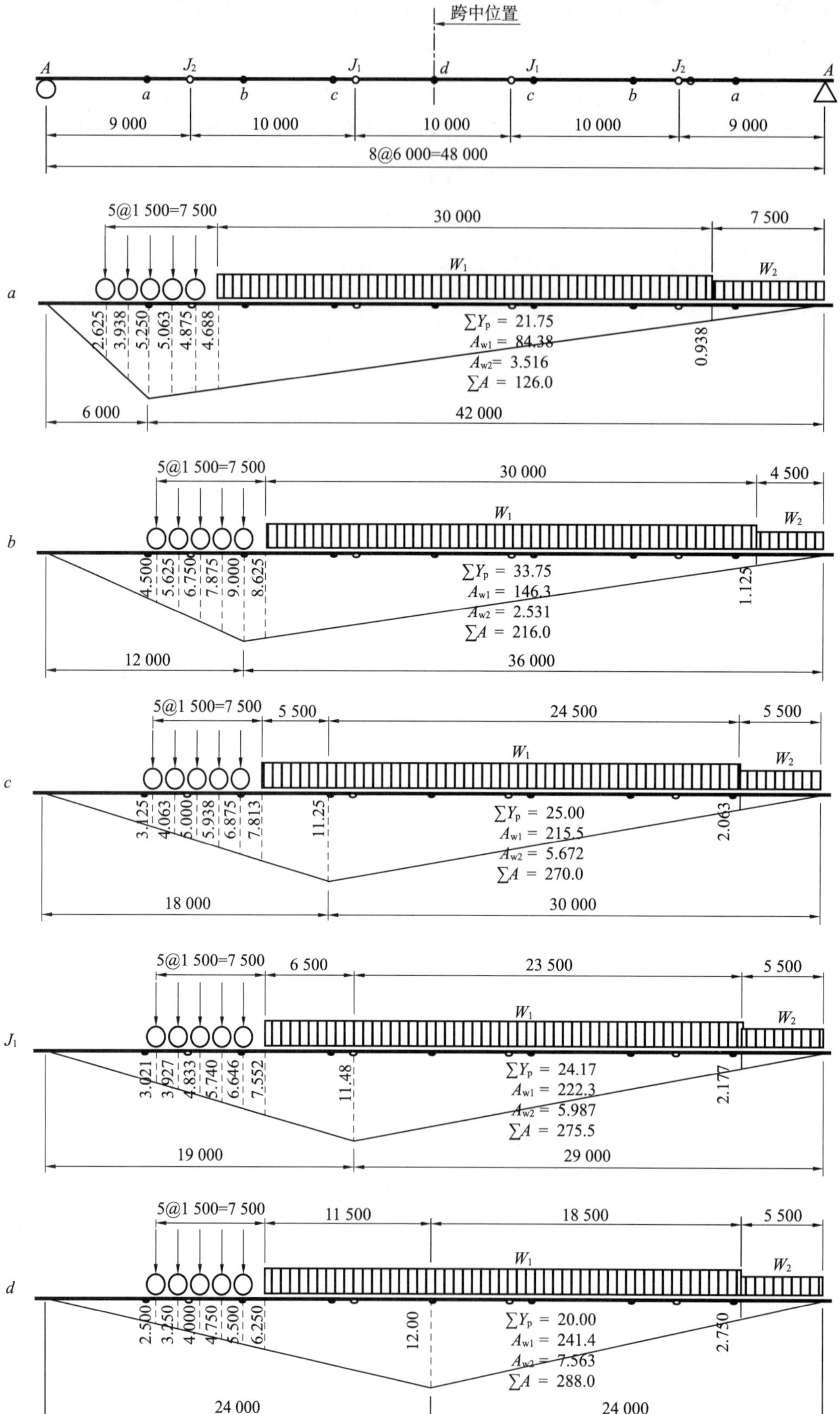

（2）剪力影响线

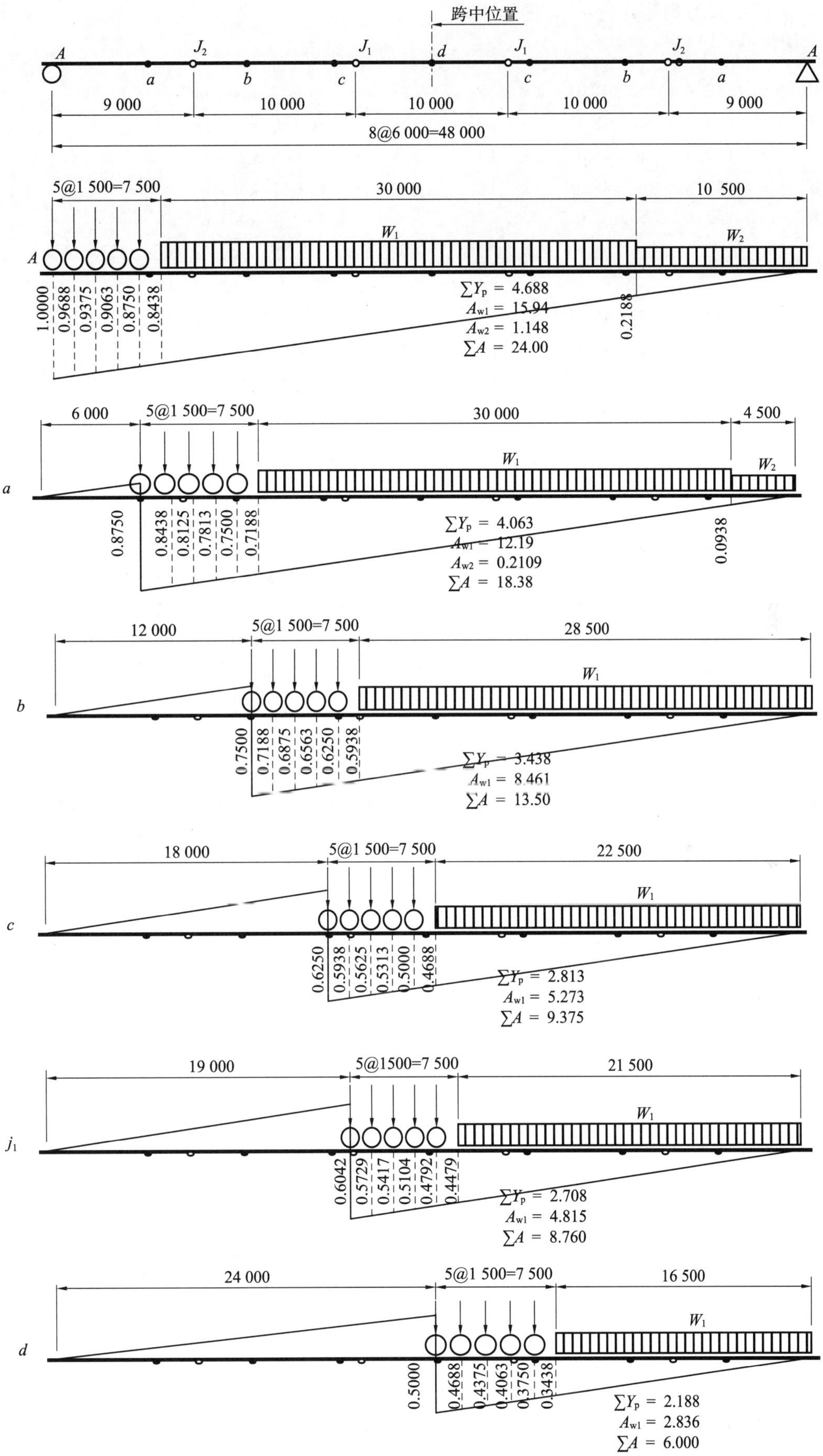

跨中位置
A J2 J1 d J1 J2 A
a b c c b a
9 000 10 000 10 000 10 000 9 000
8@6 000=48 000
5@1 500=7 500 30 000 10 500
W1 W2
A
1.0000 0.9688 0.9375 0.9063 0.8750 0.8438 0.2188
∑Yp = 4.688
Aw1 = 15.94
Aw2 = 1.148
∑A = 24.00
6 000 5@1 500=7 500 30 000 4 500
a
0.8750 0.8438 0.8125 0.7813 0.7500 0.7188 0.0938
∑Yp = 4.063
Aw1 = 12.19
Aw2 = 0.2109
∑A = 18.38
12 000 5@1 500=7 500 28 500
b
0.7500 0.7188 0.6875 0.6563 0.6250 0.5938
∑Yp = 3.438
Aw1 = 8.461
∑A = 13.50
18 000 5@1 500=7 500 22 500
c
0.6250 0.5938 0.5625 0.5313 0.5000 0.4688
∑Yp = 2.813
Aw1 = 5.273
∑A = 9.375
19 000 5@1500=7 500 21 500
j1
0.6042 0.5729 0.5417 0.5104 0.4792 0.4479
∑Yp = 2.708
Aw1 = 4.815
∑A = 8.760
24 000 5@1 500=7 500 16 500
d
0.5000 0.4688 0.4375 0.4063 0.3750 0.3438
∑Yp = 2.188
Aw1 = 2.836
∑A = 6.000

3.3.2 弯矩

弯矩以上图示意的 8 等分点 $a \sim d$ 进行计算。

(1)一期恒载

$M_a = 142.4 \times 48.0^2 \times 7 / 128 = 17942$ kN·m

$M_b = 142.4 \times 48.0^2 \times 12 / 128 = 30758$ kN·m

$M_c = 142.4 \times 48.0^2 \times 15 / 128 = 38448$ kN·m

$M_d = 142.4 \times 48.0^2 \times 16 / 128 = 41011$ kN·m

$M_{J_1} = 142.4 \times 275.5 = 39231$ kN·m

(2)二期恒载

$M_a = 137.4 \times 48.0^2 \times 7 / 128 = 17312$ kN·m

$M_b = 137.4 \times 48.0^2 \times 12 / 128 = 29678$ kN·m

$M_c = 137.4 \times 48.0^2 \times 15 / 128 = 37098$ kN·m

$M_d = 137.4 \times 48.0^2 \times 16 / 128 = 39571$ kN·m

$M_{J_1} = 137.4 \times 275.5 = 37854$ kN·m

(3)列车荷载

$M_a = 220.0 \times 21.75 + 92.0 \times 84.38 + 80.0 \times 3.516 = 12829$ kN·m

$M_b = 220.0 \times 33.75 + 92.0 \times 146.3 + 80.0 \times 2.531 = 21083$ kN·m

$M_c = 220.0 \times 25.00 + 92.0 \times 215.5 + 80.0 \times 5.672 = 25780$ kN·m

$M_d = 220.0 \times 20.00 + 92.0 \times 241.4 + 80.0 \times 7.563 = 27214$ kN·m

$M_{J_1} = 220.0 \times 24.17 + 92.0 \times 222.3 + 80.0 \times 5.987 = 26248$ kN·m

(4)动力系数

$L = 48.0$ m

$\mu = 22 / (40 + L) = 22 / (40 + 48.0) = 0.2500$

$M_a = 12829 \times 0.2500 = 3207$ kN·m

$M_b = 21083 \times 0.2500 = 5271$ kN·m

$M_c = 25780 \times 0.2500 = 6445$ kN·m

$M_d = 27214 \times 0.2500 = 6804$ kN·m

$M_{J_1} = 26248 \times 0.2500 = 6562$ kN·m

疲劳检算时的运营动力系数

$\mu_f = 18 / (40 + L) = 18 / (40 + 48.0) = 0.2045$

$M_a = 12829 \times 0.2045 = 2624$ kN·m

$M_b = 21083 \times 0.2045 = 4311$ kN·m

$M_c = 25780 \times 0.2045 = 5272$ kN·m

$M_d = 27214 \times 0.2045 = 5565$ kN·m

$M_{J_1} = 26248 \times 0.2045 = 5368$ kN·m

3.3.3 剪力

(1)一期恒载

$$V_A = 142.4 \times 48.0 \times 4 / 8 = 3\,418\ \text{kN}$$
$$V_a = 142.4 \times 48.0 \times 3 / 8 = 2\,563\ \text{kN}$$
$$V_b = 142.4 \times 48.0 \times 2 / 8 = 1\,709\ \text{kN}$$
$$V_c = 142.4 \times 48.0 \times 1 / 8 = 854\ \text{kN}$$
$$V_d = 142.4 \times 48.0 \times 0 / 8 = 0\ \text{kN}$$
$$V_{J_1} = 142.4 \times (29^2/48/2 - 19^2/48/2) = 713\ \text{kN}$$

(2)二期恒载

$$V_A = 137.4 \times 48.0 \times 4 / 8 = 3\,298\ \text{kN}$$
$$V_a = 137.4 \times 48.0 \times 3 / 8 = 2\,473\ \text{kN}$$
$$V_b = 137.4 \times 48.0 \times 2 / 8 = 1\,649\ \text{kN}$$
$$V_c = 137.4 \times 48.0 \times 1 / 8 = 824\ \text{kN}$$
$$V_d = 137.4 \times 48.0 \times 0 / 8 = 0\ \text{kN}$$
$$V_{J_1} = 137.4 \times (29^2/48/2 - 19^2/48/2) = 687\ \text{kN}$$

(3)列车荷载

$$V_A = 220 \times 4.688 + 92.0 \times 15.94 + 80.0 \times 1.148 = 2\,589\ \text{kN}$$
$$V_a = 220 \times 4.063 + 92.0 \times 12.19 + 80.0 \times 0.2109 = 2\,032\ \text{kN}$$
$$V_b = 220 \times 3.438 + 92.0 \times 8.461 + 80.0 \times 0.0 = 1\,535\ \text{kN}$$
$$V_c = 220 \times 2.813 + 92.0 \times 5.273 + 80.0 \times 0.0 = 1\,104\ \text{kN}$$
$$V_d = 220 \times 2.188 + 92.0 \times 2.836 + 80.0 \times 0.0 = 742\ \text{kN}$$
$$V_{J_1} = 220 \times 2.708 + 92.0 \times 4.815 + 80.0 \times 0.0 = 1\,039\ \text{kN}$$

(4)动力系数

	A	a	b	c	j_1	d
L	48.00	42.00	36.00	30.00	29.00	24.00
μ	0.2500	0.2683	0.2895	0.3143	0.3188	0.3438
μ_f	0.2045	0.2195	0.2368	0.2571	0.2609	0.2813

$$V_A = 2\,589 \times 0.2500 = 647\ \text{kN}$$
$$V_a = 2\,032 \times 0.2683 = 545\ \text{kN}$$
$$V_b = 1\,535 \times 0.2895 = 444\ \text{kN}$$
$$V_c = 1\,104 \times 0.3143 = 347\ \text{kN}$$
$$V_d = 742 \times 0.3438 = 255\ \text{kN}$$
$$V_{J_1} = 1\,039 \times 0.3188 = 331\ \text{kN}$$

疲劳检算时的运营动力系数

$$V_A = 2\,589 \times 0.2045 = 529\ \text{kN}$$
$$V_a = 2\,032 \times 0.2195 = 446\ \text{kN}$$
$$V_b = 1\,535 \times 0.2368 = 363\ \text{kN}$$
$$V_c = 1\,104 \times 0.2571 = 284\ \text{kN}$$
$$V_d = 742 \times 0.2813 = 209\ \text{kN}$$
$$V_{J_1} = 1\,039 \times 0.2609 = 271\ \text{kN}$$

3.3.4 轴力

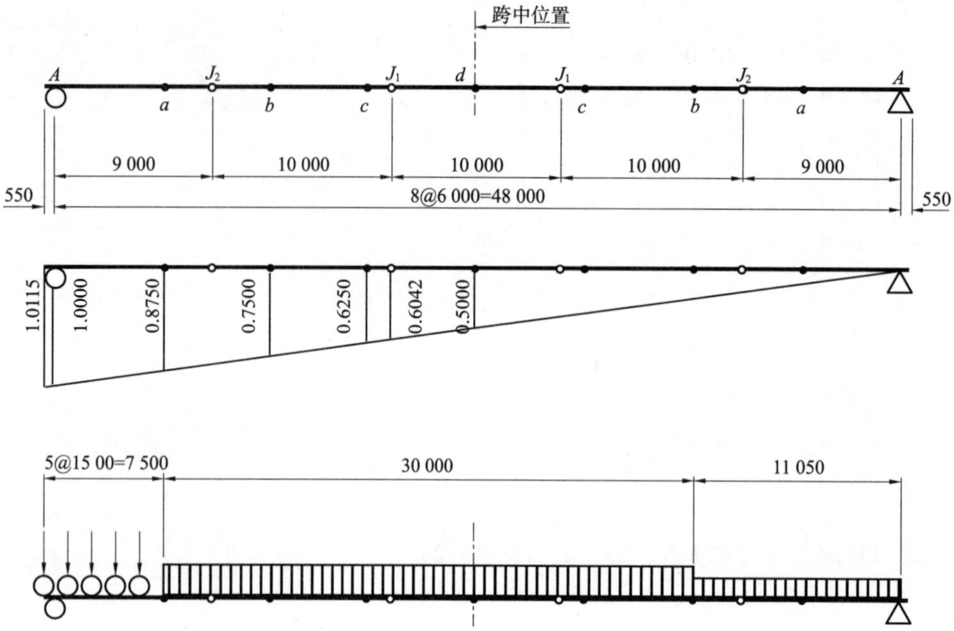

(1)长轨伸缩力

$N_A = 7.0 \times 48.55 \times 8 / 8 = \pm 340$ kN

$N_a = 7.0 \times 48.55 \times 7 / 8 = \pm 297$ kN

$N_b = 7.0 \times 48.55 \times 6 / 8 = \pm 255$ kN

$N_c = 7.0 \times 48.55 \times 5 / 8 = \pm 212$ kN

$N_d = 7.0 \times 48.55 \times 4 / 8 = \pm 170$ kN

$N_{J_1} = 340 \times 0.6042 = \pm 205$ kN

(2)制动力或牵引力(单线)

$$B = 0.07 \times (220 \times 5 + 92 \times 30 + 80 \times 11.05)$$
$$= 0.07 \times 4\,744$$
$$= 332 \text{ kN}$$

$N_A = 332 \times 8 / 8 = \pm 332$ kN

$N_a = 332 \times 7 / 8 = \pm 291$ kN

$N_b = 332 \times 6 / 8 = \pm 249$ kN

$N_c = 332 \times 5 / 8 = \pm 208$ kN

$N_d = 332 \times 4 / 8 = \pm 166$ kN

$N_{J_1} = 332 \times 0.6042 = \pm 201$ kN

3.4 截面力组合表

					特征值						荷载组合系数		设计计算时截面力(2 主梁合计)					
位　置					端支点	$L/3$	$2L/8$	$3L/8$	拼接 J_1	$4L/8$	活载加载数	修正系数	端支点	$L/8$	$2L/8$	$3L/8$	拼接 J_1	$4L/8$
节点编号					Pt. 1	Pt. 7	Pt. 13	Pt. 19	Pt. 20	Pt. 25			Pt. 1	Pt. 7	Pt. 13	Pt. 19	Pt. 20	Pt. 25
项　目					0.0 m	6.0 m	12.0 m	18.0 m	19.0 m	24.0 m			0.0 m	6.0 m	12.0 m	18.0 m	19.0 m	24.0 m
强度·挠度计算	M (kN·m)	一期恒载	混凝土硬化前	D_1	0	17 942	30 758	38 448	39 231	41 011	1	1.00	0	17 942	30 758	38 448	39 231	41 011
		二期恒载	混凝土硬化后	D_2	0	17 312	29 678	37 098	37 854	39 571	1	1.00	0	17 312	29 678	37 098	37 854	39 571
		静活载	单线加载	L	0	12 829	21 083	25 780	26 248	27 214	2	0.90	0	23 092	37 949	46 404	47 246	48 985
		动力荷载	单线加载	L_μ	0	3 207	5 271	6 445	6 562	6 804	2	0.90	0	5 773	9 488	11 601	11 812	12 247
		活载小计	$\sum L = L + L_\mu$										0	28 865	47 437	58 005	59 058	61 232
	V (kN)	一期恒载	混凝土硬化前	D_1	3 418	2 563	1 709	854	713	0	1	1.00	3 418	2 563	1 709	854	713	0
		二期恒载	混凝土硬化后	D_2	3 298	2 473	1 649	824	687	0	1	1.00	3 298	2 473	1 649	824	687	0
		静活载	单线加载	L_{max}	2 589	2 032	1 535	1 104	1 039	742	2	0.90	4 660	3 658	2 763	1 987	1 870	1 336
		动力荷载	单线加载	L_μ	647	545	444	347	331	255	2	0.90	1 165	981	799	625	596	459
		荷载合计	$D_1 + D_2 + L_{max} + L_\mu$										12 541	9 675	6 920	4 290	3 866	1 795
		静活载	单线加载	L_{min}							2	0.90	0	0	0	0	0	0
		动力荷载	单线加载	$L_{\mu f}$	529	446	363	284	271	209	2	0.90	952	803	653	511	488	376
	N (kN)	长轨伸缩力	单线加载	L_R	±340	±297	±255	±212	±205	±170	2	1.00	±680	±594	±510	±424	±410	±340
		制动力	单线加载(7%)	B	±332	±291	±249	±208	±201	±166	1	1.00	±332	±291	±249	±208	±201	±166
疲劳检算	M_p (kN·m)	静活载	单线加载	L	0	12 829	21 083	25 780	26 248	27 214	1	1.00	0	12 829	21 083	25 780	26 248	27 214
		动力荷载	单线加载	$L_{\mu f}$	0	2 624	4 311	5 272	5 368	5 565	1	1.00	0	2 624	4 311	5 272	5 368	5 565
		活载小计	$\sum L = L + L_{\mu f}$										0	15 453	25 394	31 052	31 616	32 779
	V_p (kN)	静活载	单线加载	L	2 589	2 032	1 535	1 104	1 039	742	1	1.00	2 589	2 032	1 535	1 104	1 039	742
		动力荷载	单线加载	$L_{\mu f}$	529	446	363	284	271	209	1	1.00	529	446	363	284	271	209
		活载小计	$\sum L = L + L_{\mu f}$										3 118	2 478	1 898	1 388	1 310	951

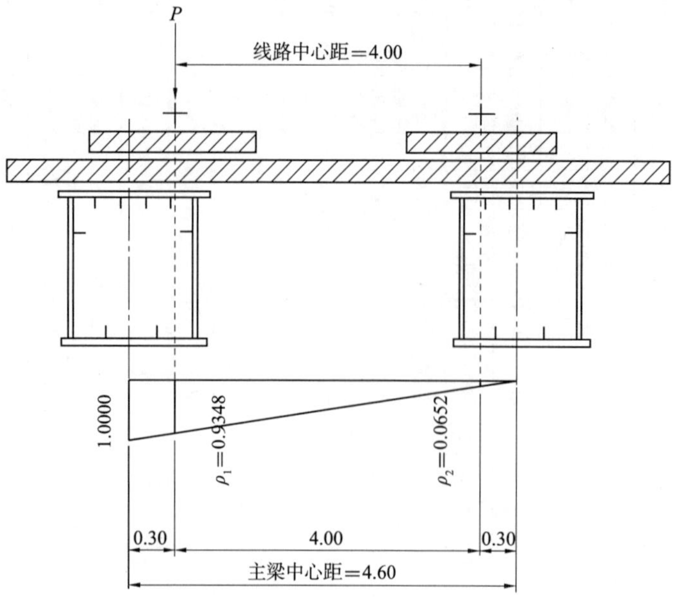

疲劳检算—截面力

(kN · m,kN)

名称		符号	0	L/8	2L/8	3L/8	拼接 J_1	4L/8
			Pt. 1	Pt. 7	Pt. 13	Pt. 19	Pt. 20	Pt. 25
			0.0 m	6.0 m	12.0 m	18.0 m	19.0 m	24.0 m
弯矩	结合前恒载	D_1	0	17 892	30 672	38 340	39 121	40 896
	结合后恒载	D_2	0	12 828	21 080	25 788	26 256	27 218
	恒载合计	$D=(D_1+D_2)/2$	0	15 360	25 876	32 064	32 688	34 057
	列车单线加载	L	0	12 828	21 080	25 788	26 256	27 218
	左侧主梁分配值	$L_1=\rho_1\times L$	0	11 991	19 705	24 106	24 544	25 443
	右侧主梁分配值	$L_2=\rho_2\times L$	0	837	1 375	1 682	1 712	1 775
	动力系数(疲劳用)	$\mu_3=14/(40+L)$	0. 1591	0. 1591	0. 1591	0. 1591	0. 1591	0. 1591
	活载+动力系数(左梁)	$L_1\times(1+\mu_3)$	0	13 899	22 840	27 941	28 448	29 491
	活载+动力系数(右梁)	$L_2\times(1+\mu_3)$	0	970	1 594	1 949	1 985	2 058
剪力	结合前恒载	D_1	3 418	2 563	1 709	854	713	0
	结合后恒载	D_2	3 298	2 473	1 649	824	687	0
	恒载合计	$D=(D_1+D_2)/2$	3 358	2 518	1 679	839	700	0
	列车单线加载	L	2 589	2 032	1 535	1 104	1 039	742
	左侧主梁分配值	$L_1=\rho_1\times L$	2 420	1 899	1 435	1 032	971	694
	右侧主梁分配值	$L_2=\rho_2\times L$	169	133	100	72	68	48
	动力系数(疲劳用)	$\mu_3=18/(40+L)$	0. 204 5	0. 219 5	0. 236 8	0. 257 1	0. 260 9	0. 281 3
	活载+动力系数(左梁)	$L_1\times(1+\mu_3)$	2 915	2 316	1 775	1 297	1 225	889
	活载+动力系数(右梁)	$L_2\times(1+\mu_3)$	203	162	124	91	85	62

3.5 截面强度检算

3.5.1 计算前提

(1)列车横向摇摆力以及风荷载产生的竖向应力对主梁影响非常小,故省略。
(2)混凝土板梗肋、传剪器等部分,不列入有效截面计算中。
(3)此桥为双线两箱构造,故可将其简化为1箱梁的计算。

容许应力度: (N/mm^2)

《钢桥》3.2.1	Q345qD(E)					备　注
板厚	屈服强度	基本容许应力度				适用于上翼缘板及其纵向加劲肋和水平加劲肋
(mm)	σ_s	$[\sigma]$	$[\sigma_w]$	$[\tau]$	$[\sigma_p]$	
≤16	345	200	210	120	300	基准值
17~≤35	325	191	201	110	287	换算值
36~≤40	315	185	195	107	278	

(N/mm^2)

《钢桥》3.2.1	Q420qD(E)					备　注
板厚	屈服强度	基本容许应力度				适用于下翼缘板及其纵向加劲肋,腹板,隔板,竖向加劲肋等
(mm)	σ_s	$[\sigma]$	$[\sigma_w]$	$[\tau]$	$[\sigma_p]$	
≤16	420	230	240	140	345	基准值
17~≤35	410	220	231	127	330	换算值
36~≤50	400	216	227	125	324	
51~≤60	390	212	223	122	318	

(N/mm^2)

《混桥》5.2.1		C55
弹性模量	E_c	36000
中心受压	σ_c	14.8
弯曲受压	σ_b	18.5

弹性模量比:

钢材的弹性模量	E_g	=	210000 N/mm^2	
温度变化时,钢与混凝土的弹性模量比	n	=	6	$(n=E_g/E_c)$
考虑徐变的恒载时,钢与混凝土的弹性模量比	n_1	=	15.0	$(E_g/E'_h=n\times(1+\phi))$
考虑干燥收缩时,钢与混凝土的弹性模量比	n_{11}	=	13.3	$(E_g/E'_h=n\times(1+\phi))$
活载时,钢与混凝土的弹性模量比	n_2	=	10	

其他的系数:

徐变系数	$1+\phi$	=	2.50	
混凝土干燥收缩系数	$1+\phi$	=	2.22	
桥面板与钢梁的温度差	t	=	±15℃	
钢膨胀系数	$\alpha_g\times t$	=	0.0000118	
混凝土膨胀系数	α_c	=	0.0000100	
钢梁与混凝土板温度差的系数	α_g	=	0.000177	
整体灌注的钢筋混凝土的收缩率	ε_c	=	0.000150	$(\varepsilon_c=\alpha_c\times t)$

3.5.2 截面力

截面—1(跨中)：

结合前—恒载	M_{D1}	=	41 011	×	1	/	2	=	20 506	kN·m	
结合后—恒载	M_{D2}	=	39 571	×	1	/	2	=	19 786	kN·m	
结合后—活荷载(含动力系数)	M_L	=	61 232	×	1	/	2	=	30 616	kN·m	
疲劳计算用活荷载(含动力系数)	M_L	=	25 443	×	1	/	1	=	25 443	kN·m	跨中位置
疲劳计算用活荷载(含动力系数)	M_L	=	24 544	×	1	/	1	=	24 544	kN·m	跨中截面变化位置
剪力	V	=	1 795	×	1	/	2	=	898	kN	
长轨伸缩力	N_{LR}	=	340	×	1	/	2	=	170	kN	
制动力	N_B	=	166	×	1	/	2	=	83	kN	

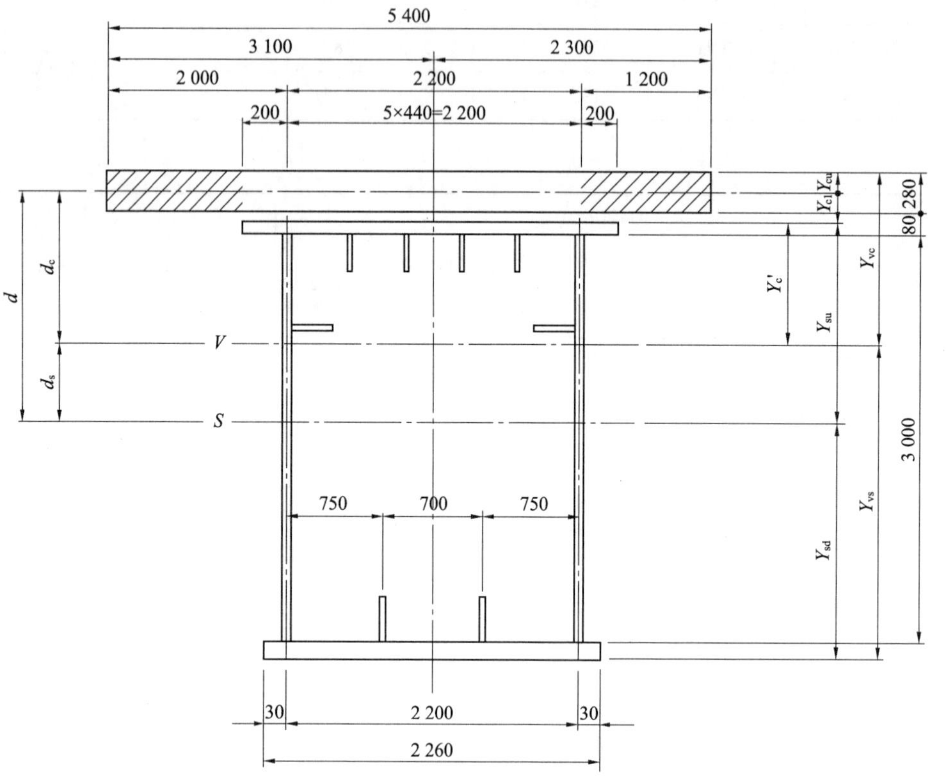

截面基本尺寸

3.5.3 截面应力检算

(1)截面特性计算

①钢梁截面(s)

箱形截面		$A(mm^2)$	$y(mm)$	$A \cdot y(mm^3)$	$A \cdot y^2(mm^4)$	$I_o(mm^4)$
1 - U. FLG. PL	2 600 × 16	41 600	-1508. 0	-62732800	94 601 000 000	0
4 - U. Rib. PL	190 × 16	12 160	-1405. 0	-17084800	24 004 000 000	36 581 333
2 - WEB. PL	3 000 × 12	72 000				54 000 000 000
2 - L. Rib. PL	150 × 12	3 600	1 425. 0	5 130 000	7 310 000 000	7 000 000
1 - L. FLG. PL	2 260 × 40	90 400	1 520. 0	137 408 000	208 860 000 000	0
Σ		219 760		62 720 400	388 819 000 000	

$\delta_s = \sum(A \cdot Y) / \sum A = 62\,720\,400 / 219\,760 = 285.4$ mm

$I_s = \sum I - \delta_s^2 \cdot \sum A = 388\,819\,000\,000 - 17\,900\,000\,000 = 370\,919\,000\,000$ mm^4

$Y_{sfu} = h_f / 2 + \delta_s + t_{fu} = 3\,000 / 2 + 285.4 + 16 = 1\,801$ mm

$Y_{swu} = h_f / 2 + \delta_s = 3\,000 / 2 + 285.4 = 1\,785$ mm

$Y_{swd} = h_f / 2 - \delta_s = 3\,000 / 2 - 285.4 = 1\,215$ mm

$Y_{sfd} = h_f / 2 - \delta_s + t_{fd} = 3\,000 / 2 - 285.4 + 40 = 1\,255$ mm

$d_{sc} = 3\,000 / 2 + 80 + 280 / 2 + 285.4 = 2\,005$ mm

$A_o = A_{sfd} + A_{srid} + 2 \times 12 \times (12 \times t_w) = 90\,400 + 3\,600 + 2 \times 12^2 \times 12 = 97\,456$ mm^2

$I_y = 16 \times 2\,600^3 / 12 + 40 \times 2\,260^3 / 12 + 3\,000 \times 12^3 / 6$
$+ 72\,000 \times 1\,100^2 + 12\,160 \times 440^2 + 3\,600 \times 350^2 = 151\,828\,000\,000$ mm^4

$r_x = \sqrt{370\,919\,000\,000/219\,760} = 1\,299$ mm

$r_y = \sqrt{151\,828\,000\,000/219\,760} = 831$ mm

②结合梁截面(v)

钢与混凝土弹性模量比 $n = 10$
桥面板的有效宽度 $B = 5\,400$ mm
梗肋高 $h_o = 80$ mm

结合后—结合梁截面		$A(mm^2)$	$Y(mm)$	$A \cdot Y(mm^3)$	$A \cdot Y^2(mm^4)$	$I_o(mm^4)$
桥面板	5 400 × 280/10	151 200	-1720. 0	-260 064 000	447 310 000 000	990 000 000
梗肋高	80					
钢梁高	3 000	219 760	285. 4	62 719 504	17 900 000 000	370 919 000 000
Σ		370 960		-197 344 496	837 119 000 000	

$\delta_v = \sum(A \cdot Y) / \sum A = -197\,344\,496 / 370\,960 = -532.0$ mm

$I_v = \sum I - \delta_v^2 \cdot \sum A = 837\,119\,000\,000 - 104\,990\,000\,000 = 732\,129\,000\,000$ mm^4

$d_{vc} = 3\,000 / 2 + 80 + 280 / 2 - 532.0 = 1\,188$ mm

$d_{vs} = \delta_s + \delta_v = 285.4 + 532.0 = 817$ mm

$d_v = d_{vc} + d_{vs} = 1\,188.0 + 817.4 = 2\,005$ mm

$Y_{vcu} = d_{vc} + h_c / 2 = 1\,188.0 + 280.0 / 2 = 1\,328$ mm

$Y_{vfu} = 3\,000 / 2 - 532.0 + 16 = 984$ mm

$Y_{vwu} = 3\,000 / 2 - 532.0 = 968$ mm

$Y_{vwd} = 3\,000 / 2 + 532.0 = 2\,032$ mm

$Y_{vfd} = 3\,000 / 2 + 532.0 + 40 = 2\,072$ mm

③计算考虑徐变时的截面(v_1)

徐变系数	ϕ	$= 1.50$
弹性模量比	n_1	$= E_g \ / \ E_{c1} = n \times (1 + \phi) = 15.0$

结合后—结合梁截面(徐变)		$A(mm^2)$	$Y(mm)$	$A \cdot Y(mm^3)$	$A \cdot Y^2(mm^4)$	$I_o(mm^4)$
桥面板	5 400 × 280/15	100 800	−1720.0	−173376000	298 210 000 000	660 000 000
梗肋高	80					
钢梁高	3 000	219 760	285.4	62 719 504	17 900 000 000	370 919 000 000
Σ		320 560		−110656496		687 689 000 000

$$\delta_{v1} = \Sigma(A \cdot Y) \ / \ \Sigma A = -110656496 \ / \ 320\,560 = -345.2 \text{ mm}$$

$$I_{v1} = \Sigma I - \delta_{v1}^2 \cdot \Sigma A = 687\,689\,000\,000 - 38\,200\,000\,000 = 649\,489\,000\,000 \text{ mm}^4$$

$$d_{v1c} = 3\,000 \ / \ 2 + 80 + 280 \ / \ 2 - 345.2 = 1\,375 \text{ mm}$$

$$d_{v1s} = \delta_s + \delta_{v1} = 285.4 + 345.2 = 631 \text{ mm}$$

$$d_{v1} = d_{v1c} + d_{v1s} = 1\,375.0 + 631.0 = 2\,006 \text{ mm}$$

$$Y_{v1cu} = d_{v1c} + h_c \ / \ 2 = 1\,375.0 + 280.0 \ / \ 2 = 1\,515 \text{ mm}$$

$$Y_{v1fu} = 3\,000 \ / \ 2 - 345.2 + 16 = 1\,171 \text{ mm}$$

$$Y_{v1wu} = 3\,000 \ / \ 2 - 345.2 = 1\,155 \text{ mm}$$

$$Y_{v1wd} = 3\,000 \ / \ 2 + 345.2 = 1\,845 \text{ mm}$$

$$Y_{v1fd} = 3\,000 \ / \ 2 + 345.2 + 40 = 1\,885 \text{ mm}$$

[跨中截面] (mm)

项 目			恒载—D_1 s	恒载—D_1 c	活荷载 v	恒载—D_2 v_1
			钢梁	桥面板	$n = 10$	$n = 15$
面积		A	219 760	1 512 000	370 960	320 560
轴向力计算用面积		A_o	97 456			
截面惯性矩		I	370 919 000 000	9 900 000 000	732 129 000 000	649 489 000 000
中性轴		δ	285.4	140	−532	−345
中性轴至桥面板重心		d_{vc}			1 188	1 375
中性轴至钢梁重心		d_{vs}			817	631
钢梁与桥面板重心间距离		d_v			2 005	2 006
中性轴	桥面板上缘	y_{cu}		140	1 328	1 515
中性轴	上翼缘板顶面	y_{su}	1 801		984	1 171
中性轴	腹板上端	y_{wu}	1 785		968	1 155
中性轴	腹板下端	y_{wd}	1 215		2 032	1 845
中性轴	下翼缘板底面	y_{sd}	1 255		2 072	1 885
截面系数	桥面板上缘	Z_{cu}			551 300 000	428 710 000
截面系数	上翼缘板顶面	Z_{su}	205 950 000		744 030 000	554 640 000
截面系数	腹板上端	Z_{wu}	207 800 000		756 330 000	562 330 000
截面系数	腹板下端	Z_{wd}	305 280 000		360 300 000	352 030 000
截面系数	下翼缘板底面	Z_{sd}	295 550 000		353 340 000	344 560 000
备注	钢梁	结合前应力计算	[σ_{D1}]			
备注	钢梁	结合后应力计算				[σ_{D2}]
备注	钢梁	活荷载应力计算			[σ_L, σ_μ]	
备注	钢梁	轴向力应力计算	[σ_{LR}, σ_B]			
备注	钢梁	内部应力计算	[σ_{sh}, σ_T]			
备注	桥面板	内部应力计算		[σ_{sh}, σ_T]		
备注	桥面板	结合后应力计算			[$\sigma_{D2}, \sigma_L, \sigma_\mu$]	

(2)应力计算

①结合前恒载 D_1

上翼缘板顶面	σ_{sfu}	=	20 506	×	10^6	/	205 950 000	=	100 N/mm^2
腹板上端	σ_{swu}	=	20 506	×	10^6	/	207 800 000	=	99 N/mm^2
腹板下端	σ_{swd}	=	20 506	×	10^6	/	305 280 000	=	67 N/mm^2
下翼缘板底面	σ_{sfd}	=	20 506	×	10^6	/	295 550 000	=	69 N/mm^2

②结合后恒载 D_2

桥面板上缘	σ_{vcu}	=	19 786	×	10^6	/	428 710 000 / 15	=	3 N/mm^2
上翼缘板顶面	σ_{vsfu}	=	19 786	×	10^6	/	554 640 000	=	36 N/mm^2
腹板上端	σ_{vsfu}	=	19 786	×	10^6	/	562 330 000	=	35 N/mm^2
腹板下端	σ_{vsfd}	=	19 786	×	10^6	/	352 030 000	=	56 N/mm^2
下翼缘板底面	σ_{vsfd}	=	19 786	×	10^6	/	344 560 000	=	57 N/mm^2

③结合后活荷载 $L\times(1+\mu)$

桥面板上缘	σ_{vcu}	=	30 616	×	10^6	/	551 300 000 / 10	=	6 N/mm^2
上翼缘板顶面	σ_{vsfu}	=	30 616	×	10^6	/	744 030 000	=	41 N/mm^2
腹板上端	σ_{vswu}	=	30 616	×	10^6	/	756 330 000	=	40 N/mm^2
腹板下端	σ_{vswd}	=	30 616	×	10^6	/	360 300 000	=	85 N/mm^2
下翼缘板底面	σ_{vsfd}	=	30 616	×	10^6	/	353 340 000	=	87 N/mm^2

④轴向力 $(L_{R1}\ B)$

长轨伸缩力									
腹板下端	σ_{vswd}	=	170	×	10^3	/	97 456	=	± 2 N/mm^2
下翼缘板底面	σ_{vsfd}	=	170	×	10^3	/	97 456	=	± 2 N/mm^2
制动力或牵引力									
腹板下端	σ_{vswd}	=	83	×	10^3	/	97 456	=	± 1 N/mm^2
下翼缘板底面	σ_{vsfd}	=	83	×	10^3	/	97 456	=	± 1 N/mm^2

⑤混凝土收缩引起的内力及应力

$$N_h = N_s = \frac{\varepsilon \times E_g}{\dfrac{n_1}{A_h} + \dfrac{1}{A_s} + \dfrac{n_1 \times d^2}{I_h + n_1 \times I_s}}\left[1 - e^{-k(L/2-x)} - e^{-k(L/2+x)}\right]$$

$$= \frac{15 \times 1.0 \times 10^{-5} \times 21 \times 10^4 / 1\,000 \times [1.000]}{\dfrac{13.3}{1\,512\,000} + \dfrac{1}{219\,760} + \dfrac{13.3 \times 2\,005^2}{9\,900\,000\,000 + 13.3 \times 370\,919\,000\,000}}$$

$$= 1\,304\ \text{kN}$$

$$M_h = \frac{I_h}{I_h + n_1 \times I_s} \times N_h \times d$$

$$= \frac{9\,900\,000\,000}{9\,900\,000\,000 + 13.3 \times 370\,919\,000\,000} \times 1\,304\,000 \times 2\,005 / 10^6$$

$$= 5.2\ \text{kN}\cdot\text{m}$$

$$M_s = \frac{n_1 \times I_s}{I_h + n_1 \times I_s} \times N_h \times d$$

$$= \frac{13.3 \times 370\,919\,000\,000}{9\,900\,000\,000 + 13.3 \times 370\,919\,000\,000} \times 1\,304\,000 \times 2\,005 / 10^6$$

$$= 2\,609\ \text{kN}\cdot\text{m}$$

$$\sigma_{cu} = -\frac{N_c}{A_c} + \frac{M_c \times Y_{cu}}{I_c} = -\frac{1\,304\,000}{1\,512\,000} + \frac{5\,200\,000 \times 140}{9\,900\,000\,000} = -1\ \text{N/mm}^2$$

$$\sigma_{sfu} = -\frac{N_s}{A_s} - \frac{M_s \times Y_{sfu}}{I_s} = -\frac{1\,304\,000}{219\,760} - \frac{2\,609\,000\,000 \times 1\,801}{370\,919\,000\,000} = -19\ \text{N/mm}^2$$

$$\sigma_{swu} = -\frac{N_s}{A_s} - \frac{M_s \times Y_{swu}}{I_s} = -\frac{1\,304\,000}{219\,760} - \frac{2\,609\,000\,000 \times 1\,785}{370\,919\,000\,000} = -18\ \text{N/mm}^2$$

$$\sigma_{swd} = -\frac{N_s}{A_s} + \frac{M_s \times Y_{swd}}{I_s} = -\frac{1\,304\,000}{219\,760} + \frac{2\,609\,000\,000 \times 1\,215}{370\,919\,000\,000} = 3\ \text{N/mm}^2$$

$$\sigma_{sfd} = -\frac{N_s}{A_s} + \frac{M_s \times Y_{sfd}}{I_s} = -\frac{1\,304\,000}{219\,760} + \frac{2\,609\,000\,000 \times 1\,255}{370\,919\,000\,000} = 3\ \text{N/mm}^2$$

⑥温度变化引起的内力及应力

a. 桥面板的温度低于钢梁时

- 温度变化引起的轴力

$$N_h = N_s = \frac{\alpha \times (\pm t) \times E_g}{\dfrac{n}{A_h} + \dfrac{1}{A_s} + \dfrac{n \times d^2}{I_h + n \times I_s}}\left[1 - e^{-k(L/2-x)} - e^{-k(L/2+x)}\right]$$

$$= \frac{1.0 \times 10^{-5} \times (\pm 15) \times 21 \times 10^4 / 1\,000 \times [1.000]}{\dfrac{6}{1\,512\,000} + \dfrac{1}{219\,760} + \dfrac{6 \times 2\,005^2}{9\,900\,000\,000 + 6 \times 370\,919\,000\,000}}$$

$$= \pm 1\,631\ \text{kN}$$

$$M_h = \frac{I_h}{I_h + n \times I_s} \times N_h \times d$$

$$= \frac{9\,900\,000\,000}{9\,900\,000\,000 + 6 \times 370\,919\,000\,000} \times 1\,631\,000 \times 2\,005 / 10^6$$

$$= \pm 14.5\ \text{kN·m}$$

$$M_s = \frac{n \times I_s}{I_h + n \times I_s} \times N_h \times d$$

$$= \frac{6 \times 370\,919\,000\,000}{9\,900\,000\,000 + 6 \times 370\,919\,000\,000} \times 1\,631\,000 \times 2\,005 / 10^6$$

$$= \pm 3\,256\ \text{kN·m}$$

$$\sigma_{cu} = -\frac{N_c}{A_c} + \frac{M_c \times Y_{cu}}{I_c} = -\frac{1\,631 \times 10^3}{1\,512\,000} + \frac{14.5 \times 10^6 \times 140}{9\,900\,000\,000} = -1\ \text{N/mm}^2$$

$$\sigma_{sfu} = -\frac{N_s}{A_s} - \frac{M_s \times Y_{sfu}}{I_s} = -\frac{1\,631 \times 10^3}{21\,9760} - \frac{3\,256 \times 10^6 \times 1\,801}{370\,919\,000\,000} = -23\ \text{N/mm}^2$$

$$\sigma_{swu} = -\frac{N_s}{A_s} - \frac{M_s \times Y_{swu}}{I_s} = -\frac{1\,631 \times 10^3}{21\,9760} - \frac{3\,256 \times 10^6 \times 1\,785}{370\,919\,000\,000} = -23\ \text{N/mm}^2$$

$$\sigma_{swd} = -\frac{N_s}{A_s} + \frac{M_s \times Y_{swd}}{I_s} = -\frac{1\,631 \times 10^3}{219\,760} + \frac{3\,256 \times 10^6 \times 1\,215}{370\,919\,000\,000} = 3\ \text{N/mm}^2$$

$$\sigma_{sfd} = -\frac{N_s}{A_s} + \frac{M_s \times Y_{sfd}}{I_s} = -\frac{1\,631 \times 10^3}{219\,760} + \frac{3\,256 \times 10^6 \times 1\,255}{370\,919\,000\,000} = 4\ \text{N/mm}^2$$

b. 桥面板的温度高于钢梁时

$\sigma_{cu} = 1\ \text{N/mm}^2$

$\sigma_{sfu} = 23\ \text{N/mm}^2$

$\sigma_{swu} = 23\ \text{N/mm}^2$

$\sigma_{swd} = -3\ \text{N/mm}^2$

$\sigma_{sfd} = -4\ \text{N/mm}^2$

⑦剪切应力与法向应力的组合

• 腹板的剪切应力：

$$\tau = V / A_w = 898 \times 10^3 / 72\,000 = 12\ \text{N/mm}^2 < [\tau] = 140\ \text{N/mm}^2$$

• 腹板上下翼缘的应力：

荷载组合及基本荷载组合的换算 （N/mm^2）

检算位置		混凝土桥面板	钢梁			
		上缘	上翼缘板顶面	腹板上缘	腹板下缘	下翼缘板底面
材质		C55	Q345qD(E)	Q420qD(E)	Q420qD(E)	Q420qD(E)
作用应力		σ_{cu}	σ_{su}	σ_{swu}	σ_{swd}	σ_{sfd}
外力	结合前恒载 D_1	-	-100	-99	67	69
	结合后恒载 D_2	3.0	-36	-35	56	57
	活荷载(含动力系数) L	6.0	-41	-40	85	87
	长轨伸缩力 L_R				2	2
	制动力及牵引力 (B)				1	1
内力	混凝土收缩 S_h	-1.0	-19	-18	3	3
	温度变化(钢梁低温) T	1.0	23	23	-3	-4
	温度变化(桥面板低温) T	-1.0	-23	-23	3	4
合计	①D_1	-	-100	-99	67	69
	②$D_1+D_2+S_h$	2.0	-155	-152	126	129
	③$D_1+D_2+S_h+L+L_R$	8.0	-196	-192	213	218
	④$D_1+D_2+S_h+L+L_R+T$	9.0	-219	-215	216	222
	①/1.0	-	-100	-99	67	69
	②/1.0	2.0	-155	-152	126	129
	③/1.0	8.0	-196	-192	213	218
	④/1.15	7.8	-190	-187	188	193
应力检算	结合前应力		100	99	67	69
	容许应力值		210	240	240	227
	结合后应力	8.0	196	192	213	218
	容许应力值	18.5	210	240	240	227

换算应力

$$\sqrt{\sigma^2 + 3 \times \tau^2} \leqslant 1.1 \times [\sigma]$$

• 腹板上缘应力

$$\sqrt{192^2 + 3 \times 12^2} = 193\ \text{N/mm}^2 < 1.1 \times [\sigma] = 1.1 \times 240 = 264\ \text{N/mm}^2$$

• 腹板下缘应力

$$\sqrt{213^2 + 3 \times 12^2} = 214\ \text{N/mm}^2 < 1.1 \times [\sigma] = 1.1 \times 240 = 264\ \text{N/mm}^2$$

注：按《钢桥》4.2.1 规定：受压或受拉并受弯曲时，限制值采用基本容许应力。结合梁中虽然有轴力，但是轴力相对较小，整体的力学性质应该是受弯构件，所以应力的限制值采用弯曲容许应力。

(3)截面特性一栏表

对于全梁各个截面的变化点,须经过反复设定,比较和计算而得出。

				截面变化 Section—Ⅳ	截面变化 Section—Ⅲ	截面变化 Section—Ⅱ	截面变化 J_1 Section—Ⅱ	跨中截面 Section—Ⅰ
支点至检算位置距离		X	m	6.000	12.000	18.000	19.000	24.000
结合前恒载		M_{D1}	kN·m	8 971	15 379	19 224	19 616	20 506
结合后恒载		M_{D2}	kN·m	8 656	14 839	18 549	18 927	19 786
结合后活荷载		M_L	kN·m	14 433	23 719	29 003	29 529	30 616
剪力合计		V	kN	4 838	3 460	2 145	1 933	898
长轨伸缩力		N_{LR}	kN	297	255	212	205	170
截面组成	1 – RC. SLAB		C55	5 400 × 280	5 400 × 280	5 400 × 280	5 400 × 280	5 400 × 280
	1 – U. FLG. PL		Q345q	2 600 × 16	2 600 × 16	2 600 × 16	2 600 × 16	2 600 × 16
	4 – U. Rib. PL		Q345q	190 × 16	190 × 16	190 × 16	190 × 16	190 × 16
	2 – WEB. PL		Q420q	3 000 × 12	3 000 × 12	3 000 × 12	3 000 × 12	3 000 × 12
	2 – L. Rib. PL		Q420q	150 × 12	150 × 12	150 × 12	150 × 12	150 × 12
	1 – L. FLG. PL		Q420q	2 260 × 16	2 260 × 28	2 260 × 38	2 260 × 38	2 260 × 40
$n=0$		A_s	mm^2	165 520	192 640	215 240	215 240	219 760
		I_s	mm^4	259 733 000 000	322 695 000 000	363 665 000 000	363 665 000 000	370 919 000 000
		Y_{swd}	mm	1 622	1 390	1 241	1 241	1 215
		A_c	mm^2	1 512 000	1 512 000	1 512 000	1 512 000	1 512 000
		I_c	mm^4	9 878 400 000	9 878 400 000	9 878 400 000	9 878 400 000	9 878 400 000
		d_{sc}	mm	1 598	1 830	1 979	1 979	2 005
$n=15$		A_v	mm^2	266 320	293 440	316 040	316 040	320 560
		I_v	mm^4	420 423 000 000	544 865 000 000	633 225 000 000	633 225 000 000	649 489 000 000
		Y_{vwd}	mm	2 227	2 019	1 872	1 872	1 845
		d_{vc}	mm	993	1 201	1 348	1 348	1 375
$n=10$		A_v	mm^2	316 720	343 840	366 440	366 440	370 960
		I_v	mm^4	462 535 530 000	607 271 410 000	712 520 750 000	71 252 0750 000	732 129 000 000
		Y_{vwd}	mm	2 385	2 195	2 058	2 058	2 032
		d_{vc}	mm	835	1 025	1163	1 163	1 188
应力 上翼缘板	结合前恒载		D_1	–48	–77	–94	–96	–100
	结合后恒载		D_2	–16	–27	–34	–34	–36
	混凝土收缩		S_h	–19	–19	–19	–19	–19
	活荷载(含动力系数)		L	–20	–32	–39	–40	–41
	σ_{su}		$D_1+D_2+S_h+L$	103 < 210	155 < 210	186 < 210	189 < 210	196 < 210
	τ_{su}		D_1+D_2+L	67 < 140	48 < 140	30 < 140	27 < 140	12 < 140
应力 下翼缘板	结合前恒载		D_1	57	68	68	69	69
	结合后恒载		D_2	46	56	56	57	57
	混凝土收缩		S_h	5	4	3	3	3
	活荷载(含动力系数)		L	75	87	85	87	87
	长轨伸缩力		L_R	7	4	2	2	2
	σ_{sd}		$D_1+D_2+S_h+L+L_R$	190 < 240	219 < 231	214 < 227	218 < 227	218 < 227
	τ_{sd}		D_1+D_2+L	67 < 140	48 < 140	30 < 140	27 < 140	12 < 140

(4)腹板剪力检算

支点处剪力检算

作用于1个箱梁的剪力 $V = 12\,541 \times 1/2 = 6\,270$ kN

$\tau = V/A_w = 6\,270 \times 10^3/72\,000 = 87\ \text{N/mm}^2 < [\tau] = 140\ \text{N/mm}^2$

3.5.4 局部稳定检算(板的宽厚比)

按《钢桥》5.3.3 规定:对跨中截面进行检算,其他截面均以此为准。

(1)上翼缘板腹板间

$(b/\delta)_s = (2200 - 12)/16 = 136.8 < (b/\delta)_o = 5 \times n = 5 \times 30 = 150$

(2)上翼缘板腹板外侧伸出肢

$(b/\delta)_s = (200 - 12/2)/16 = 12.1 > (b/\delta)_o = 12$

$< (b/\delta)_o = 0.14\lambda + 5 = 18.5$

结合前恒载产生的压应力较小时,容许值$(b/\delta)_o$可放宽。

$\phi_1 = \sigma_c / [\sigma_w]$

$= 100 / 210 = 0.476$ 《钢桥》表 3.2.6 反算 $\rightarrow \lambda = 96.5$

箱形梁	反算值
ϕ_1	λ
0.454	100.0
0.476	96.5
0.517	90.0

$(b/\delta)_0 = 0.14\lambda + 5 = 0.14 \times 96.5 + 5 = 18.5$

(3)上翼缘板纵向加劲肋

$(b/\delta)_s = 190 / 16 = 11.9 < (b/\delta)_0 = 12$

(4)腹板

$D/t = 3\,000/12 = 250 \leqslant (D/t)_0 = 250$

因而,需要设置竖向加劲肋和水平加劲肋。

(5)竖向加劲肋的计算

加劲肋截面	1 - PL 160 × 12		
间隔容许值	$b_0 = 950 \times \delta / \sqrt{\tau}$	< 2.000 m	$\delta = 12$ mm
加劲肋所需截面	$I = 3 \times h \times \delta^3$	$= 15\,552\,000$ mm^4	《钢桥》8.0.7-5
加劲肋宽度	$B = h / 30 + 0.04$	$= 0.140$ m	$h = 3.00$ m
加劲肋宽厚比	$B / t = 160 / 12$	$= 13.3 < 15$	
	$I_s = 160^3 \times 12 / 3$	$= 16\,384\,000$ mm^4	$> I = 15\,552\,000$ mm^4

x(m)	剪应力 τ	计算值	容许值 b_0	采用值 b_s
0.00	87	1 222	1 222	—
6.00	67	1 393	1 393	1 200
12.00	48	1 645	1 645	1 500
18.00	30	2 081	2 000	2 000
24.00	12	3 291	2 000	2 000

(6)水平加劲肋的计算

加劲肋截面 1 - PL 140 × 12

加劲肋宽厚比 $B / t = 140 / 12 = 11.7 < 15$

按《钢桥》8.0.7-5 规定:水平加劲肋的截面惯性矩不得小于下列公式求得的值。

$$I_s = 140^3 \times 12/3 = 10\,976\,000 \text{ mm}^4$$

$$> I_{max}(I_1, I_2) = 7\,776\,000\ \text{mm}^4$$

式中

$$I_1 = h \times \delta^3 \times [2.4 \times (\alpha / h)^2 - 0.13]$$
$$= 3.00 \times 0.012^3 \times [2.4 \times (1.5 / 3.00)^2 - 0.13] \times 10^{12}$$
$$= 2\,436\,480\ \text{mm}^4 < I_2$$
$$I_2 = \alpha \times h \times t^3$$
$$= 1.5 \times 3.00 \times 0.012^3 \times 10^{12} = 7\,776\,000\ \text{mm}^4$$
$$\alpha = h / b_s = 3.00 / 2.00 = 1.5$$
$$\sigma = 123\ \text{N/mm}^2 < [\sigma] = 200\ \text{N/mm}^2$$

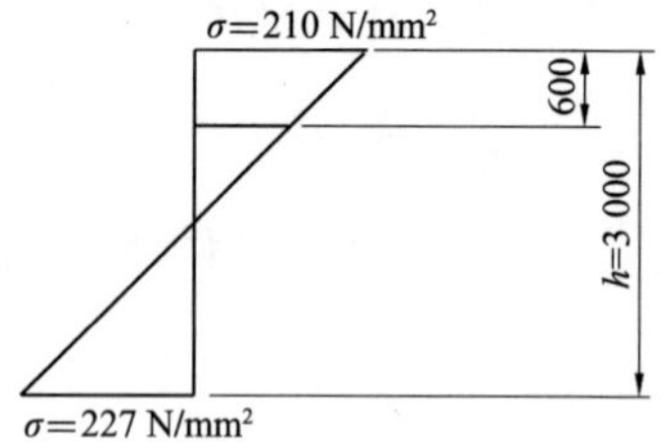

因而,水平加劲肋的材质可采用 *Q*345*q*。

(7)下翼缘板

$$(b/\delta)_s = (2200 - 12)/16 = 136.8 < (b/\delta)_o = 3 \times n$$
$$= 3 \times 60 = 180$$

因为受拉翼缘不会发生压屈,故采用受压翼缘的上限值。$\lambda = 150$,则

$$(b/\delta)_o = 0.3\lambda + 15 = 0.3 \times 150 + 15 = 60$$

(8)下翼缘板纵向加劲肋

$$(b/\delta)_s = 150 / 12 = 12.5 < (b/\delta)_o = 16$$

3.5.5 端加劲肋检算

· 将端加劲肋视为承受支点反力的支柱进行设计计算《钢桥》8.0.6。

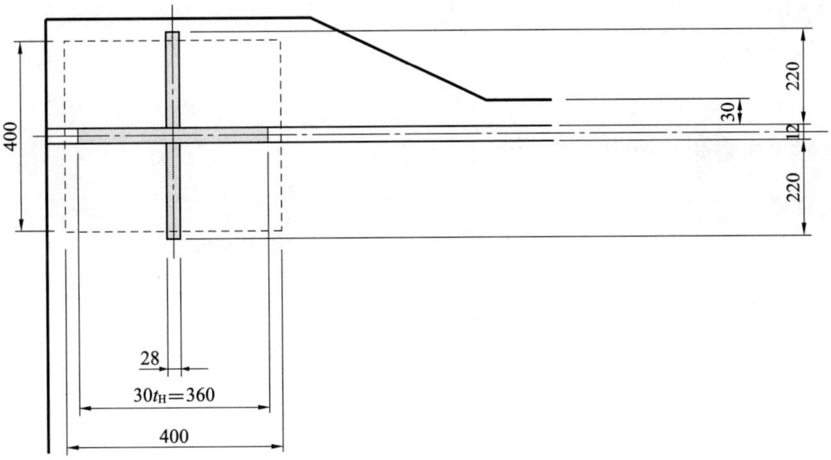

● 每个支座处的支点反力可采用支点处剪力。

$R = 6\,270 / 2 \times 1.0 = 3\,135$ kN

● 截面特性

主梁腹板截面　PL 3 000 × 12

端加劲肋的有效截面积

2	–	PL	220	×	28	= 12 320	←加劲肋
1	–	PL	360	×	12	= 4 320	← 腹板($30\times t_w\times t_w$)
					A_s	= 16 640 mm²	

截面二次惯性矩

$$I_s - b \times h^3 / 12$$
$$= 28 \times (2 \times 220 + 12)^3 / 12 + 360 \times 12^3 / 12$$
$$= 215\,472\,619 + 51\,840$$
$$= 215\,520\,000 \text{ mm}^4$$

截面 2 次半径

$$r = \sqrt{(I_s / A_s)} = \sqrt{(215\,520\,000 / 16\,640)} = 113.8 \text{ mm}$$

宽厚比检算

$(b / t)_s = 220 / 28 = 7.9 < [b / t]_0 = 12$　　《钢桥》8.0.6 – 1

● 钢材的基本容许应力

端加劲肋的材质与主梁腹板一致,采用 Q420qD(E)。

(1) 轴向应力

计算长度

$L = 0.7 \times H = 0.7 \times 3\,000 = 2\,100$ mm　　《钢桥》8.0.6 – 2

长细比

$\lambda = L / r = 2\,100 / 113.8 = 18.5 > 0$ 且 < 30

轴方向容许应力低减系数

$\phi_1 = 0.866$

$\sigma_{cu} = 3\,135 \times 10^3 / 16\,640$
$= 188.4\ \text{N/mm}^2 < \phi_1 \times [\sigma] = 0.866 \times 220 = 190.5\ \text{N/mm}^2$

(2)端部承压应力

$[\sigma]_p = 330\ \text{N/mm}^2$

• 承压计算

支座顶板的有效承压面积： 400 × 400

桥轴方向有效宽度：

$30 \times t_w = 30 \times 12 = 360\ \text{mm} < 400\ \text{mm}$

桥轴直角方向有效宽度：

$(220 + 12 + 220) = 452\ \text{mm} > 400\ \text{mm}$

有效承压面积：

$A_n = 400 \times 28 + 360 \times 12 = 15\,520\ \text{mm}^2$

$\sigma_{cu} = 3\,135 \times 10^3 / 15\,520 = 202.0\ \text{N/mm}^2 < [\sigma]_p = 330\ \text{N/mm}^2$

(3)容许剪应力

$[\tau] = 127\ \text{N/mm}^2$

• 焊接计算

$S_1 = \sqrt{(2 \times t_s)} = \sqrt{(2 \times 28)} = 7.5\ \text{mm}$

$S_2 = \sqrt{(2 \times t_w)} = \sqrt{(2 \times 12)} = 4.9\ \text{mm}$

$S_3 = 2\sqrt{2 \times R / (n \cdot [\tau] \cdot h)}$
$= \sqrt{8 \times 3\,135 \times 10^3 / (4 \times 127 \times 3\,000)} = 4.1\ \text{mm}$

因而采用焊脚尺寸为 8 mm 的角焊缝。

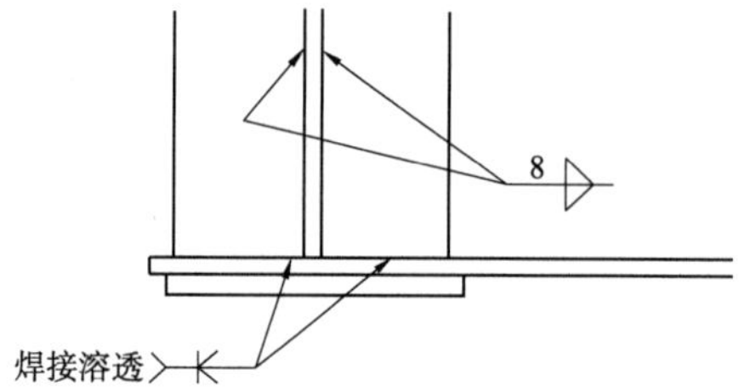

3.6 挠度及上拱度设置

3.6.1 挠度计算

挠度计算时，全截面有效。

$$\delta_{D1} = \frac{5.5 \times M_{D1} \times L^2}{48 \times E_g \times I_s} = \frac{5.5 \times 20\,506 \times 10^6 \times 48\,000^2}{48 \times 210\,000 \times 370\,919\,000\,000} = 69.5 \text{ mm}$$

$$\delta_{D2} = \frac{5 \times M_{D2} \times L^2}{48 \times E_g \times I_{v1}} = \frac{5 \times 19\,786 \times 10^6 \times 48\,000^2}{48 \times 210\,000 \times 649\,489\,000\,000} = 34.8 \text{ mm}$$

$$\delta_L = \frac{5 \times M_L \times L^2}{48 \times E_g \times I_v} = \frac{5 \times 24\,493 \times 10^6 \times 48\,000^2}{48 \times 210\,000 \times 732\,129\,000\,000} = 38.2 \text{ mm}$$

静活载所引起的竖向挠度检算《钢桥》8.0.2

$$\frac{1}{L/\delta_L} = \frac{1}{48\,000 / 38.2} = \frac{1}{1\,257} < \frac{1}{900}$$ OK

恒载＋静活载挠度

$$\delta_{D1} + \delta_{D2} + \delta_L = 69.5 + 34.8 + 38.2 = 142.5 \text{ mm}$$

$$\frac{1}{L / \Sigma\delta} = \frac{1}{48\,000 / 142.5} = \frac{1}{337} > \frac{1}{1\,600}$$

所以，需设上拱度，其值为恒载和半个静活载产生的挠度。 《钢桥》1.0.7

3.6.2 固有振动数计算

依据恒载，计算固有振动数。
截面特性全部采用运营时的截面特性进行计算。
在手头没有固有振动数计算公式时，参照日本规范进行试算。

W_D = (142.4 + 137.4) / 2 = 139.9 kN/m（结合前与结合后单线恒载之和）
g = 9.8 m/s^2
L = 48.00 m
I_v = 732 129 000 000 mm^4 = 0.73213 m^4
E_g = 210 000 000 kN/m^2

简支梁的固有振动数

$$f = \frac{1}{2\pi} \times \frac{\pi^2}{L^2} \times \sqrt{\frac{E_g \cdot I_v \cdot g}{W_D}}$$

$$= \frac{1}{2\pi} \times \frac{\pi^2}{48.00^2} \times \sqrt{\frac{2.1 \times 10^8 \times 0.73213 \times 9.8}{139.9}}$$

$$= 2.24 \text{ Hz} > [f] = 100 / L = 2.08 \text{ Hz}$$ OK

3.6.3 上拱度设置

上拱度 = 恒载挠度 + 静活载挠度/2。

每线(相当于 1 个箱形梁)

项目			均布荷载	δ_D	设置上拱度	
			(kN/m)	(mm)	项目	(mm)
结合前	D_1	桥面板重量	42.8	41.8	工厂试拼后	123.4
		钢梁重量	24.8	24.2	钢桥架设后	99.2
		模板重量	3.6	3.5	模板设置后	95.7
		小计	71.2	69.5	混凝土浇灌后	53.9
结合后	D_2	轨道重量	31.6	16.0	模板拆除	55.7
		道砟重量	20.9	10.5	道砟施工后	45.2
		挡砟墙以及电缆槽外墙	4.6	2.3	轨道铺设后	29.2
		过桥电缆及盖板	1.0	0.5	设备设置后	19.1
		过桥通讯电缆及盖板	1.0	0.5	列车通过时	0.0
		高栏或声屏障	5.0	2.5		
		防振混凝土	8.3	4.2		
		模板拆除	-3.6	-1.8		
		小计	68.7	34.8		
恒载合计			139.9	104.3		
静活载 L				19.1		
上拱度设置 合计				123.4		

$$\delta_{D1} = \frac{5.5 \times W_{D1} \times L^4}{384 \times E_g \times I_s} = \frac{5.5 \times W_{D1} \times 48\,000^4}{384 \times 210\,000 \times 370\,919\,000\,000} = 0.9761\,W_{D1}\ \text{mm}$$

$$\delta_{D2} = \frac{5 \times W_{D2} \times L^4}{384 \times E_g \times I_{v1}} = \frac{5 \times W_{D2} \times 48\,000^4}{384 \times 210\,000 \times 649\,489\,000\,000} = 0.5068\,W_{D2}\ \text{mm}$$

3.7 疲劳检算

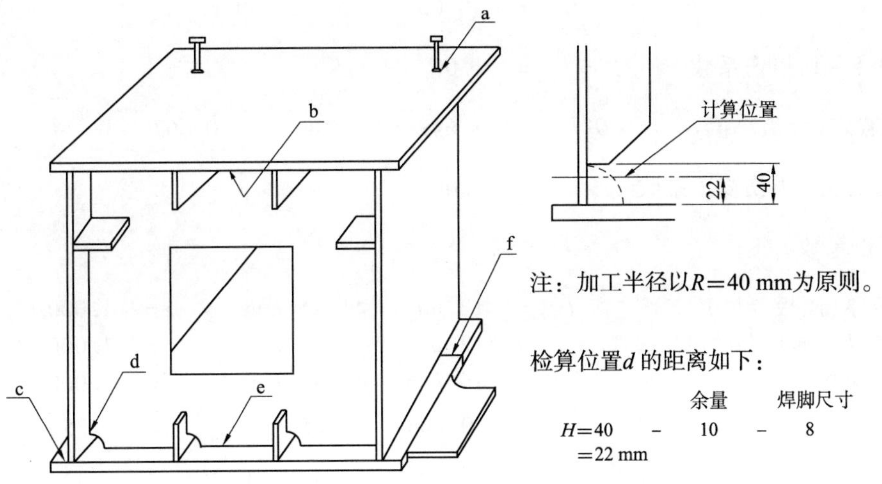

检算位置图

a. 钢梁上翼缘顶面传剪器；
b. 隔板上缘与箱形梁上翼缘板的焊接位置；
c. 腹板下端或者纵向加劲肋与箱形梁下翼缘板的纵向焊接位置；
d. 隔板或者竖向加劲肋下端与箱形梁腹板的焊接位置；
e. 隔板以及横梁的最下端与主梁下翼缘板的焊接位置；
f. 下翼缘对接焊接位置

3.7.1 疲劳检算系数

(1) 双线系数 r_d

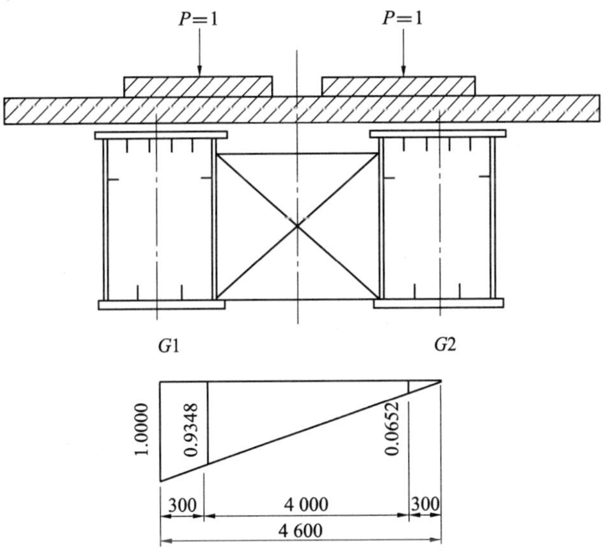

G1 桁 $\rho=(0.9348+0.0652)/(1.0000+1.0000)=0.5000$

$\rho=\delta_1/\delta_2$	3:7	4:8	0.5000	5:9
r_d	1.13	1.16	1.16	1.19

(2)损伤系数 r_n 以及损伤修正系数 r'_n

跨度　$L = 48.00\ \text{m} > 20.00\ \text{m}$

依据表4.3.5－1,损伤系数　$\gamma_n = 1.00$

恒载/活荷载之比(最小值)　$D/L = 1.649 > 4:6 = 0.667$

依据表4.3.5－1,损伤修正系数　$\gamma'_n = 1.00$

(3)板厚修正系数 r_t

箱形梁腹板厚(隔板等厚)　$t = 12\ \text{mm} < 25\ \text{mm}$　$\gamma_t = 1.000$

箱形梁下翼缘纵向加劲肋厚　$t = 12\ \text{mm} < 25\ \text{mm}$　$\gamma_t = 1.000$

箱形梁上翼缘板厚　$t = 16\ \text{mm} < 25\ \text{mm}$　$\gamma_t = 1.000$

箱形梁下翼缘板厚

Ⅰ	$t = 40\ \text{mm} > 25\ \text{mm}$	$\gamma_t = \sqrt[4]{25/t}$	$= 0.889$
Ⅱ	$t = 38\ \text{mm} > 25\ \text{mm}$	$\gamma_t = \sqrt[4]{25/t}$	$= 0.901$
Ⅲ	$t = 28\ \text{mm} > 25\ \text{mm}$	$\gamma_t = \sqrt[4]{25/t}$	$= 0.972$
Ⅳ	$t = 16\ \text{mm} < 25\ \text{mm}$	$\gamma_t = 1.000$	

3.7.2 发生的应力

				截面变化 Section—Ⅳ	截面变化 Section—Ⅲ	截面变化 Section—Ⅱ	拼接截面 J_1 Section—Ⅱ	截面变化 Section—Ⅰ
检算位置		x	m	6.000	12.000	18.000	19.000	24.000
结合前恒载		M_{D1}	kN·m	8 971	15 379	19 224	19 616	20 506
结合后恒载		M_{D2}	kN·m	8 656	14 839	18 549	18 927	19 786
疲劳用活荷载		$M_{L+\mu f}$	kN·m	11 991	19 705	24 106	24 544	25 443
钢截面组成	1 - U. FLG. PL	Q345q		2 600 × 16	2 600 × 16	2 600 × 16	2 600 × 16	2 600 × 16
	4 - U. Rib. PL	Q345q		190 × 16	190 × 16	190 × 16	190 × 16	190 × 16
	2 - WEB. PL	Q420q		3 000 × 12	3 000 × 12	3 000 × 12	3 000 × 12	3 000 × 12
	2 - L. Rib. PL	Q420q		150 × 12	150 × 12	150 × 12	150 × 12	150 × 12
	1 - L. FLG. PL	Q420q		2 260 × 16	2 260 × 28	2 260 × 38	2 260 × 38	2 260 × 40
$n=0$		I_g	mm^4	259 733 000 000	322 695 000 000	363 665 000 000	363 665 000 000	370 919 000 000
		Y_{sfu}	mm	1 394	1 626	1 775	1 775	1 801
		Y_{swu}	mm	1 378	1 610	1 759	1 759	1 785
		Y_{swd}	mm	1 622	1 390	1 241	1 241	1 215
		Y_{sfd}	mm	1 638	1 418	1 279	1 279	1 255
$n=15$		I_V	mm^4	420 423 000 000	544 865 000 000	633 225 000 000	633 225 000 000	649 489 000 000
		Y_{sfu}	mm	789	997	1 144	1 144	1 171
		Y_{swu}	mm	773	981	1 128	1 128	1 155
		Y_{swd}	mm	2 227	2 019	1 872	1 872	1 845
		Y_{sfd}	mm	2 243	2 047	1 910	1 910	1 885
$n=10$		I_V	mm^4	462 535 530 000	607 271 410 000	712 520 750 000	712 520 750 000	732 129 000 000
		Y_{sfu}	mm	631	821	958	958	984
		Y_{swu}	mm	615	805	942	942	968
		Y_{swd}	mm	2 385	2 195	2 058	2 058	2 032
		Y_{sfd}	mm	2 401	2 223	2 096	2 096	2 072
应力	上翼缘板	结合前恒载	σ_{D1}	-48.1	-77.5	-93.8	-95.7	-99.6
		结合后恒载	σ_{D2}	-16.2	-27.2	-33.5	-34.2	-35.7
		运营列车荷载	$\sigma_{L+\mu f}$	-16.4	-26.6	-32.4	-33.0	-34.2
		最小应力	σ_{min}	-80.7	-131.3	-159.7	-162.9	-169.5
		最大应力	σ_{max}	-64.3	-104.7	-127.3	-129.9	-135.3
		恒载:活荷载		3.92	3.94	3.93	3.94	3.96
	腹板上端	结合前恒载	σ_{D1}	-47.6	-76.7	-93.0	-94.9	-98.7
		结合后恒载	σ_{D2}	-15.9	-26.7	-33.0	-33.7	-35.2
		运营列车荷载	$\sigma_{L+\mu f}$	-15.9	-26.1	-31.9	-32.4	-33.6
		最小应力	σ_{min}	-79.4	-129.5	-157.9	-161.0	-167.5
		最大应力	σ_{max}	-63.5	-103.4	-126.0	-128.6	-133.9
		恒载:活荷载		3.99	3.96	3.95	3.97	3.99
	腹板下端	结合前恒载	σ_{D1}	56.0	66.2	65.6	66.9	67.2
		结合后恒载	σ_{D2}	45.9	55.0	54.8	56.0	56.2
		运营列车荷载	$\sigma_{L+\mu f}$	61.8	71.2	69.6	70.9	70.6
		最小应力	σ_{min}	101.9	121.2	120.4	122.9	123.4
		最大应力	σ_{max}	163.7	192.4	190.0	193.8	194.0
		恒载:活荷载		1.65	1.70	1.73	1.73	1.75
	下翼缘板	结合前恒载	σ_{D1}	56.6	67.6	67.6	69.0	69.4
		结合后恒载	σ_{D2}	46.2	55.7	55.9	57.1	57.4
		运营列车荷载	$\sigma_{L+\mu f}$	62.2	72.1	70.9	72.2	72.0
		最小应力	σ_{min}	102.8	123.3	123.5	126.1	126.8
		最大应力	σ_{max}	165.0	195.4	194.4	198.3	198.8
		恒载:活荷载		1.65	1.71	1.74	1.75	1.76

3.7.3　跨中部的疲劳检算（Section—Ⅰ）

（1）钢梁上翼缘顶面传剪器－a（大头钉）

依据《钢桥》4.3.5，当疲劳应力全部为受压应力时，可不检算疲劳，所以仅供参考。

$\rho = \sigma_{min} / \sigma_{max} = -169.5 / -135.3 = 1.253 > -1$　　$t = 16$ mm

构件的连接形式类别：13　疲劳容许应力幅类别＝Ⅻ

因为$\rho > -1$，所以借用《钢桥》4.3.5－1 公式进行疲劳检算。

$r_d \cdot r_n \cdot (\sigma_{max} - \sigma_{min}) = 1.16 \times 1.00 \times [-135.3 - (-169.5)]$

$= 39.7\ \mathrm{N/mm^2} < r_t \cdot [\sigma_0] = 1.000 \times 80.6 = 80.6\ \mathrm{N/mm^2}$

（2）隔板上缘与箱形梁上翼缘板的焊接位置－b（竖向加劲肋上缘相同）

依据《钢桥》4.3.5，当疲劳应力全部为受压应力时，可不检算疲劳。略

（3）腹板下端或者纵向加劲肋与箱形梁下翼缘板的纵向焊接位置－c

$\rho = \sigma_{min} / \sigma_{max} = 123.4 / 194.0 = 0.636 > -1$　　$t = 12$ mm

构件的连接形式类别：6.2　疲劳容许应力幅类别＝Ⅳ

$r_d \cdot r_n \cdot (\sigma_{max} - \sigma_{min}) = 1.16 \times 1.00 \times (194.0 - 123.4)$

$= 81.9\ \mathrm{N/mm^2} < r_t \cdot [\sigma_0] = 1.000 \times 110.3 = 110.3\ \mathrm{N/mm^2}$

（4）隔板或者竖向加劲肋下端与箱形梁腹板的焊接位置－d

竖向加劲肋下端距腹板底 22 mm。

$\sigma_{d1} = 20\,506 \times 10^6 \times (1\,215 - 22) / 370\,919\,000\,000 = 66.0\ \mathrm{N/mm^2}$

$\sigma_{d2} = 19\,786 \times 10^6 \times (1\,845 - 22) / 649\,489\,000\,000 = 55.5\ \mathrm{N/mm^2}$

$\sigma_{L+\mu f} = 25\,443 \times 10^6 \times (2\,032 - 22) / 732\,129\,000\,000 = 69.9\ \mathrm{N/mm^2}$

$\sigma_{min} = 66.0 + 55.5 = 121.5\ \mathrm{N/mm^2}$

$\sigma_{max} = 121.5 + 69.9 = 191.4\ \mathrm{N/mm^2}$

$\rho = \sigma_{min} / \sigma_{max} = 121.5 / 191.4 = 0.635 > -1$　　$t = 12$ mm

构件的连接形式类别：9　疲劳容许应力幅类别＝Ⅶ

$r_d \cdot r_n \cdot (\sigma_{max} - \sigma_{min}) = 1.16 \times 1.00 \times (191.4 - 121.5)$

$= 81.1\ \mathrm{N/mm^2} < r_t \cdot [\sigma_0] = 1.000 \times 99.9 = 99.9\ \mathrm{N/mm^2}$

（5）隔板以及横梁的最下端与主梁下翼缘板的焊接位置－e

$\rho = \sigma_{min} / \sigma_{max} = 123.4 / 194.0 = 0.636 > -1$　　$t = 12$ mm

构件的连接形式类别：8　疲劳容许应力幅类别＝Ⅶ

$r_d \cdot r_n \cdot (\sigma_{max} - \sigma_{min}) = 1.16 \times 1.00 \times (194.0 - 123.4)$

$= 81.9\ \mathrm{N/mm^2} < r_t \cdot [\sigma_0] = 1.000 \times 99.9 = 99.9\ \mathrm{N/mm^2}$

3.7.4 跨中截面变化处的疲劳检算(Section—Ⅱ)

(1)钢梁上翼缘顶面传剪器 - a(大头钉)略

(2)隔板上缘与箱形梁上翼缘板的焊接位置 - b(竖向加劲肋上缘相同)略

(3)腹板下端或者纵向加劲肋与箱形梁下翼缘板的纵向焊接位置 - c

$\rho = \sigma_{min} / \sigma_{max} = 122.9 / 193.8 = 0.634 > -1 \quad t = 12\ mm$

构件的连接形式类别:6　疲劳容许应力幅类别 = Ⅳ

$r_d \cdot r_n \cdot (\sigma_{max} - \sigma_{min}) = 1.16 \times 1.00 \times (193.8 - 122.9)$

$= 82.2\ N/mm^2 < r_t \cdot [\sigma_0] = 1.000 \times 110.3 = 110.3\ N/mm^2$

(4)隔板或者竖向加劲肋下端与箱形梁腹板的焊接位置 - d

距主梁的腹板下端 22 mm

$\sigma_{d1} = 19\,616 \times 10^6 \times (1\,241 - 22) / 363\,665\,000\,000 = 65.8\ N/mm^2$

$\sigma_{d2} = 18\,927 \times 10^6 \times (1\,872 - 22) / 633\,225\,000\,000 = 55.3\ N/mm^2$

$\sigma_{L+\mu f} = 24\,544 \times 10^6 \times (2\,058 - 22) / 712\,520\,750\,000 = 70.1\ N/mm^2$

$\sigma_{min} = 65.8 + 55.3 = 121.1\ N/mm^2$

$\sigma_{max} = 121.1 + 70.1 = 191.2\ N/mm^2$

$\rho = \sigma_{min} / \sigma_{max} = 121.1/191.2 = 0.633 > -1 \quad t = 12\ mm$

构件的连接形式类别:9　疲劳容许应力幅类别 = Ⅶ

$r_d \cdot r_n \cdot (\sigma_{max} - \sigma_{min}) = 1.16 \times 1.00 \times (191.2 - 121.1)$

$= 81.3\ N/mm^2 < r_t \cdot [\sigma_0] = 1.000 \times 99.9 = 99.9\ N/mm^2$

(5)隔板以及横梁的最下端与主梁下翼缘板的焊接位置 - e

$\rho = \sigma_{min} / \sigma_{max} = 122.9 / 193.8 = 0.634 > -1 \quad t = 12\ mm$

构件的连接形式类别:8　疲劳容许应力幅类别 = Ⅶ

$r_d \cdot r_n \cdot (\sigma_{max} - \sigma_{min}) = 1.16 \times 1.00 \times (193.8 - 122.9)$

$= 82.2\ N/mm^2 < r_t \cdot [\sigma_0] = 1.000 \times 99.9 = 99.9\ N/mm^2$

(6)下翼缘焊接对接位置 - f

$\rho = \sigma_{min} / \sigma_{max} = 126.1 / 198.3 = 0.636 > -1 \quad t = 38\ mm$

构件的连接形式类别:5.3　疲劳容许应力幅类别 = Ⅱ

$r_d \cdot r_n \cdot (\sigma_{max} - \sigma_{min}) = 1.16 \times 1.00 \times (198.3 - 126.1)$

$= 83.8\ N/mm^2 < r_t \cdot [\sigma_0] = 0.901 \times 121.7 = 109.7\ N/mm^2$

3.8 拼接计算

3.8.1 计算原则

考虑到制造,运输,架设等条件,将主梁分为5段,4处进行拼接。此算例仅选取跨中附近处进行拼接计算。其他拼接计算依此类推。

(1)拼接计算原则

《钢桥》6.1.7,高强度螺栓数量:板梁翼缘用高强度螺栓连接时,螺栓数量应按连结母材的承载力计算。腹板拼接用高强度螺栓群的强度应不小于拼接处的合成应力或剪应力强度。

《钢桥》8.0.10,拼接板:板梁翼缘,拼接板净面积应大于被拼接部分净面积的1.1倍。

(2)高强度螺栓的容许抗滑承载力

每个高强度螺栓的容许抗滑承载力:

$$[P] = n \times m \times \mu_o \times N / K = 1 \times 1 \times 0.45 \times 200 / 1.7 = 52.9\ \text{kN}$$

式中 P——高强度螺栓的容许抗滑承载力;

n——高强度螺栓个数(M22),$n=1$ 个;

m——抗滑面数,$m=1$ 面;

μ_o——钢材表面抗滑移系数,$\mu_o=0.45$;

N——高强度螺栓的设计预拉力(M22),$N=200$ kN;

K——安全系数,$K=1.7$。

(3)高强度螺栓的孔径。《制造》4.5.2:M22螺栓的孔径为 ϕ = 24 mm

(4)连接位置的截面以及截面力

截面力:	合成前恒载	M_{D1}	=	19616 kN·m
	合成后恒载	M_{D2}	=	18927 kN·m
	合成后活荷载	M_L	=	29529 kN·m
	剪力合计	V	=	1933 kN
	长轨伸缩力	N_{LR}	=	205 kN

截面:	1 -	U. FLG. PL	2600×16	Q345q
	4 -	U. Rib. PL	190×16	Q345q
	2 -	WEB. PL	3000×12	Q420q
	2 -	L. Rib. PL	150×12	Q420q
	1 -	L. FLG. PL	2260×38	Q420q

截面应力:

上翼缘板 $\sigma_{fu} = 189\ \text{N/mm}^2 < [\sigma_w] = 210\ \text{N/mm}^2$ $h_{fu} = 1418$ mm $N_{sh} + M$

下翼缘板 $\sigma_{fd} = 218\ \text{N/mm}^2 < [\sigma_w] = 227\ \text{N/mm}^2$ $h_{fd} = 1636$ mm $N_{sh} + N_{LR} + M$

3.8.2 拼接计算

(1)上翼缘板检算

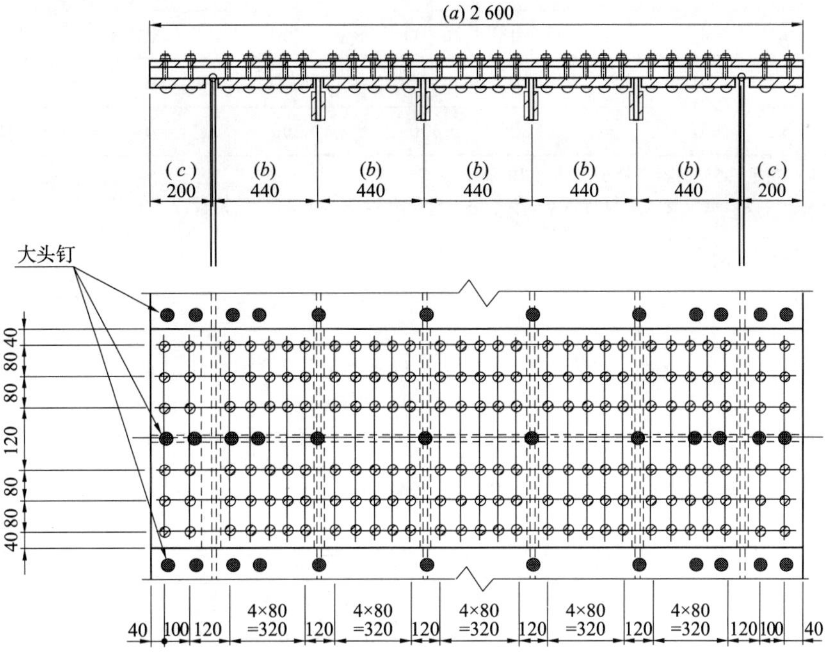

母 材 截 面: 1 - U. FLG. PL 2 600 × 16 (Q345q) A_s = 41 600 mm²

计算用应力: σ_c = 189 N/mm²

拼接用截面力: $P_c = \sigma_c \times A_s$ = 189 × 41 600/10³ = 7 862 kN

母材承载力的计算

	母材的有效截面积						母材承载力					
	b		t			A_0	A_0		σ_{fu}			P_0
	(mm)		(mm)			(mm²)	(mm²)		(N/mm²)			(kN)
(a)	2 600	×	16	/	2 =	20 800	20 800	×	189	/	10³ =	3 931
(b)	440	×	16	/	2 =	3 520	3 520	×	189	/	10³ =	665
(c)	200	×	16	/	2 =	1 600	1 600	×	189	/	10³ =	302

注:结合梁的上翼缘板厚主要受结合前荷载影响以及传剪器条件的制约,所以连接计算采用截面承载力。

高强度螺栓使用个数的计算

	高强度螺栓计算个数					高强度螺栓实际使用个数								
	P_0		[P]		n	左端		中央部分				右端		总个数
	(kN)		(kN)		(个)	(个)		(n)		(个)		(个)		(n)
(a)	3 931	/	52.9	=	74.3	29	+	1	×	29	+	29	=	87
(b)	665	/	52.9	=	12.6	5	+	1	×	5	+	5	=	15
(c)	302	/	52.9	=	5.7	2	+	1	×	2	+	2	=	6

拼接板的计算

	拼接板截面积					拼接板的计算							
	b		t		A_{pj}	A_{pj}		〔σ〕				$P_u = A_{pj} \times$〔σ〕		P_0
	(mm)		(mm)		(mm²)	(mm²)		(N/mm²)				(kN)		(kN)
(a)	2 600	×	14	=	36 400	36 400	×	200	/	10^3	=	7 280	>	3 931
(b)	400	×	10	=	4 000	4 000	×	200	/	10^3	=	800	>	665
(c)	180	×	10	=	1 800	1 800	×	200	/	10^3	=	360	>	302

注:1. 按《钢桥》5.3.1 规定,钢板的容许最小尺寸为 10 mm。

2. 由于上翼缘板拼接板顶也设置大头钉传剪器,参考相关资料采用 14 mm 以上的钢板。

(2)上翼缘板纵向加劲肋

母 材 截 面: 1 - U. Rib. PL 190 × 16 (Q345q) A_s = 3 040 mm²

计 算 用 应 力: $\sigma_c = 189\ \text{N/mm}^2$

拼 接 用 截 面 力: $P_{ct} = \sigma_c \times A_s = 189 \times 3\,040 / 10^3 = 575\ \text{kN}$

高强度螺栓个数: $n = P_{ct} / [P] = 575 / (2 \times 52.9) = 5.4$ 个 → 6 个

拼 接 板 截 面: 2 - PL 160 × 10 $A_p = 3\,200\ \text{mm}^2$

$P_p = A_p \times [\sigma] = 3\,200 \times 200 / 10^3 = 640\ \text{kN} > 1.0P_{ct} = 575\ \text{kN}$ OK

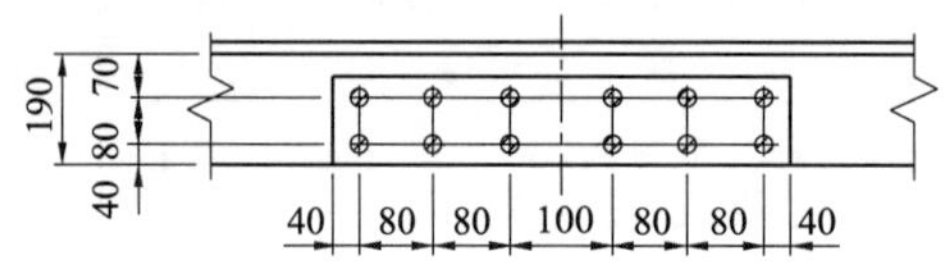

(3)下翼缘板检算

母 材 截 面: 1 - L. FLG. PL 2 260 × 38 (Q420q) A_s = 85 880 mm²

计 算 用 应 力: $\sigma_t = 227\ \text{N/mm}^2$

拼接用截面力: $P_t = \sigma_t \times A_s = 227 \times 85\,880 / 10^3 = 19\,495\ \text{kN}$

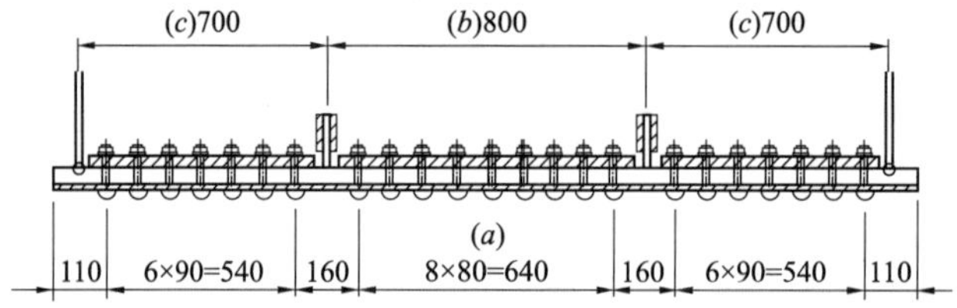

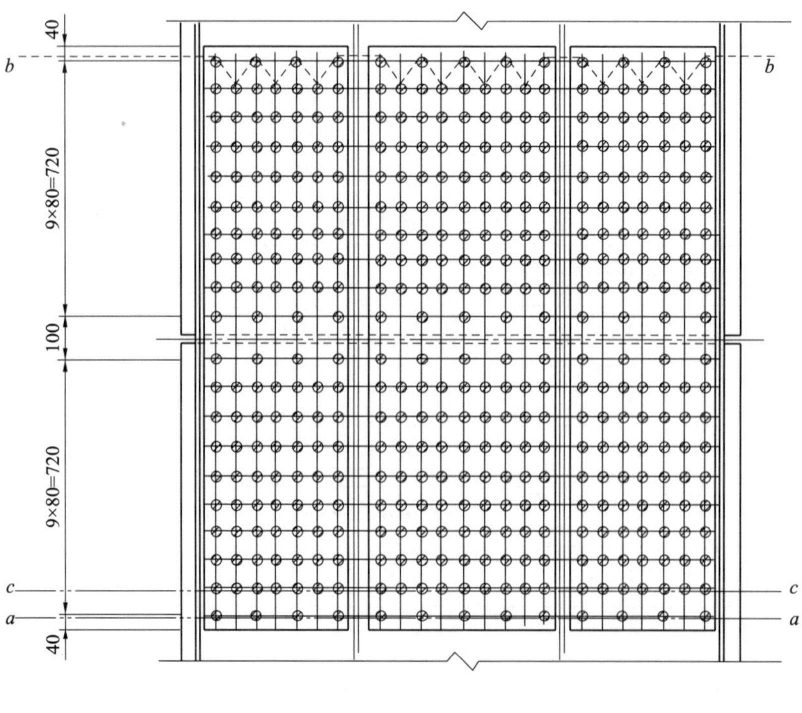

母材承载力的计算

	母材的有效截面积							母材承载力						
	b		t				A_0	A_0		$[\sigma_w]$				P_0
	(mm)		(mm)				(mm^2)	(mm^2)		(N/mm^2)				(kN)
(a)	2 260	×	38	/	2	=	42 940	42 940	×	227	/	10^3	=	9 747
(b)	800	×	38	/	2	=	15 200	15 200	×	227	/	10^3	=	3 450
(c)	730	×	38	/	2	=	13 870	13 870	×	227	/	10^3	=	3 148

高强度螺栓数量计算

	高强度螺栓计算个数					高强度螺栓使用个数								
	P_0		$[P]$		n	左端		中间部				右端		总个数
	(kN)		(kN)		(个)	(个)		(n)		(个)		(个)		(n)
(a)	9 747	/	52.9	=	184.3	13	+	8	×	23	+	13	=	210
(b)	3 450	/	52.9	=	65.2	5	+	8	×	9	+	5	=	82
(c)	3 148	/	52.9	=	59.5	4	+	8	×	7	+	4	=	64

拼接板的计算

	拼接板的截面积					拼接板的计算								
	b_0		t		A_{pj}	A_{pj}		$[\sigma]$				$P_u=A_{pj}\times[\sigma]$		$1.1P_0$
	(mm)		(mm)		(mm^2)	(mm^2)		(N/mm^2)				(kN)		(kN)
(a)	(2 260 − 13 × 24)	×	26	=	50 648	50 648	×	220	/	10^3	=	11 143	>	10 722
(b)	(720 − 5 × 24)	×	30	=	18 000	18 000	×	220	/	10^3	=	3 960	>	3 795
(c)	(620 − 4 × 24)	×	32	=	16 768	16 768	×	220	/	10^3	=	3 689	>	3 463

母材的检算：

母材补强截面的计算　2 260 × 48 = 108 480 mm^2

● 净截面检算（a—a 截面）

n_1 = 13 个（扣除的螺栓个数）

$A_{pi} = (2\,260 - 13 \times 24) \times 48 = 93\,504\ mm^2$

$P_u = A_{pi} \times [\sigma_w] = 93\,504 \times 227 / 10^3 = 21\,225\ kN > P_t = 19\,495\ kN$　　OK

● 净截面检算（b—b 截面）

$A_{pi} = (2\,260 - 13 \times 24 - 12 \times 6.2 - 8 \times 4.0) \times 48 = 88\,397\ mm^2$

$P_u = A_{pi} \times [\sigma_w] = 88\,397 \times 227 / 10^3 = 20\,066\ kN > P_t = 19\,495\ kN$　　OK

$w_1 = d - p^2 / 4g = 24 - 80^2 / (4 \times 90) = 6.2$　（c）区折线

$w_2 = d - p^2 / 4g = 24 - 80^2 / (4 \times 80) = 4.0$　（b）区折线

● 净截面检算（c—c 截面）

$A_{n2} = 108\,480 - 23 \times 24 \times 48 = 108\,480 - 26\,496 = 81\,984\ mm^2$

$P_u = A_{pi} \times [\sigma_w] = 81\,984 \times 227 / 10^3 = 18\,610\ kN > P_t - n \times P$

$= 19\,495 - 13 \times 2 \times 52.9 = 19\,495 - 1\,375 = 18\,120\ kN$　　OK

(4)下翼缘板纵向加劲肋

母　材　截　面：1 － L. Rib. PL 150 × 12 （Q420q）A_s = 1 800 mm^2

计 算 用 应 力：σ_t = 227 N/mm^2

拼 接 用 截 面 力：$P_{ct} = \sigma_t \times A_s$ = 227 × 1 800 / 10^3 = 409 kN

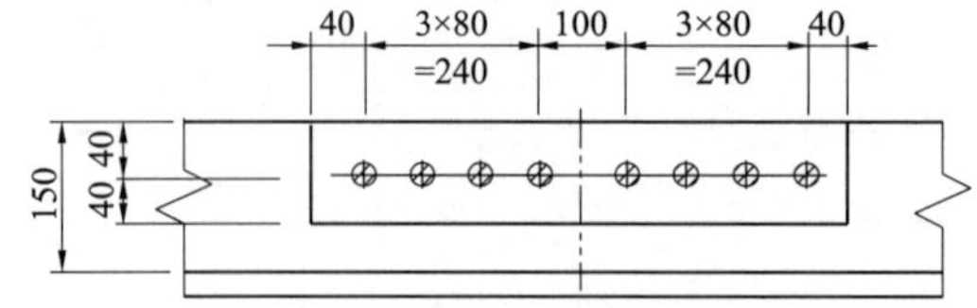

高强度螺栓个数：$n = P_{ct} / [P]$ = 409 / (2 × 52.9) = 3.9 → 4

拼 接 板 截 面：2 － PL 80 × 19　　　　A_p = 3 040 mm^2

● 净截面检算

n_1 = 1 个（扣除的螺栓个数）

A_{pi} = 2 × (80 － 1 × 24) × 19 = 2 128 mm^2

$P_p = A_{pi} \times [\sigma]$ = 2 128 × 220 / 10^3 = 468 kN > 1.1 P_{ct} = 450 kN　　　　OK

加劲肋母材的检算

加劲肋母材截面：1 － PL 150 × 16　　　　A_s = 2 400 mm^2

● 净截面检算

n_1 = 1 个（扣除的螺栓个数）

A_{pi} = (150 － 1 × 24) × 16 = 2 016 mm^2

$P_p = A_{pi} \times [\sigma_w]$ = 2 016 × 231 / 10^3 = 466 kN > P_{ct} = 409 kN　　　　OK

(5)腹板的检算

母材截面　：1 － WEB. PL 3 000 × 12 （Q420q）A_s = 36 000 mm^2

σ_{fu} = 189 N/mm^2

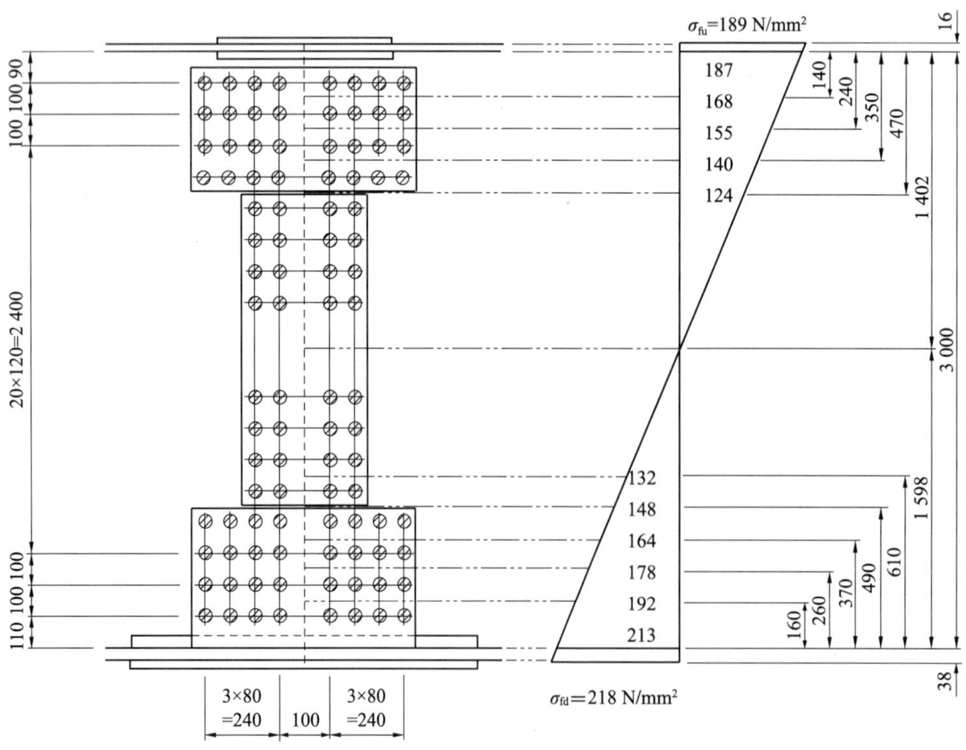

①截面应力

上翼缘板顶端 σ_{fu} = 189 N/mm^2

腹板上缘 σ_{wu} = 187 N/mm^2

腹板下缘 σ_{wd} = 213 N/mm^2

下翼缘板底端 σ_{fd} = 218 N/mm^2

剪力 V = 1 933 kN

高强度螺栓个数 n = 66 个

②高强度螺栓的检算

检算位置	螺栓应力		腹板分担的截面积					P_X		
	σ_M	$\sigma_{平均}$	B_{web}		t_{web}		A_{web}	P_{xi}	n_x	P_{xi-1}
	N/mm^2	N/mm^2	mm		mm		mm^3	kN	个	kN/个
5～6 排螺栓间	132	140	120	×	12	=	1 440	201.1	2	100.6
4～5 排螺栓间	148	156	120	×	12	=	1 440	224.1	4	56.0
3～4 排螺栓间	164	171	110	×	12	=	1 320	225.7	4	56.4
2～3 排螺栓间	178	185	100	×	12	=	1 200	221.9	4	55.5
1～2 排螺栓间	192	202	160	×	12	=	1 920	388.4	4	97.1
腹板最下缘	213									

检算位置	P_y			P_x	合成力	判断	容许力	结论
	V	Σ_{ni}	P_{yi-1}	P_{xi-1}	ρ		[P]	
	kN	个	kN/个	kN/个	kN/个		kN/个	
5～6 排螺栓间	1 933	66	29.3	100.6	104.8	<	105.8	ok
4～5 排螺栓间				56.0	63.2	<	105.8	ok
3～4 排螺栓间				56.4	63.6	<	105.8	ok
2～3 排螺栓间				55.5	62.8	<	105.8	ok
1～2 排螺栓间				97.1	101.4	<	105.8	ok
腹板最下缘								

$\rho = \sqrt{P_{xi-1}^2 + P_{yi-1}^2}$

③拼接板的检算

受压侧拼接板

拼接板的材质 Q420qD(E)

拼接板的板高 $h = 40 + 100 + 100 + 120 + (120 - 5)/2 = 417.5$ mm

拼接板的截面 $A = 2 - PL.418 \times 10 = 8\,360\ mm^2$

$> A_{uw} = n \times [P] / [\sigma]$

$= 16 \times (2 \times 52.9) \times 10^3 / 230$

$= 7\,360\ mm^2$

承剪拼接板

拼接板的材质 Q420qD(E)

拼接板的板高 $h = 16 \times 120 + (120 - 5) = 2\,035$ mm

拼接板的截面 A = 2 − PL. 2 035 × 10 = 40 700 mm^2

$> A_w = n \times [P] / [\tau]$

$= 34 \times (2 \times 52.9) \times 10^3 / 140$
$= 25\,694\ mm^2$

受拉侧拼接板

拼接板的材质　　Q420qD(E)

箱形梁内侧拼接板

拼接板的板高　　$h = (120 - 5) / 2 + 120 + 100 + 100 + 40 = 417.5\ mm$

拼接板的截面　　$1 - PL.\ 418 \times 12$

$A = 5\,016 - 1 \times (4 \times 24 \times 12)$
$= 3\,864\ mm^2 > A_{Lw} = n \times [P] / [\sigma]$
$= 16 \times (1 \times 52.9) \times 10^3 / 230$
$= 3\,680\ mm^2$

箱形梁外侧拼接板

拼接板的板高　　$h = (120 - 5) / 2 + 120 + 100 + 100 + 120 = 497.5\ mm$

拼接板厚度计算　　$120 / 8 > 15$ mm(参照有关资料,为防止拼接板卷边 $b/t > 8$)

拼接板的截面　　$1 - PL.\ 498 \times 16$

$A = 7\,968 - 1 \times (4 \times 24 \times 16)$
$= 6\,432\ mm^2 > A_{Lw} = n \times [P] / [\sigma]$
$= 16 \times (1 \times 52.9) \times 10^3 / 230$
$= 3\,680\ mm^2$

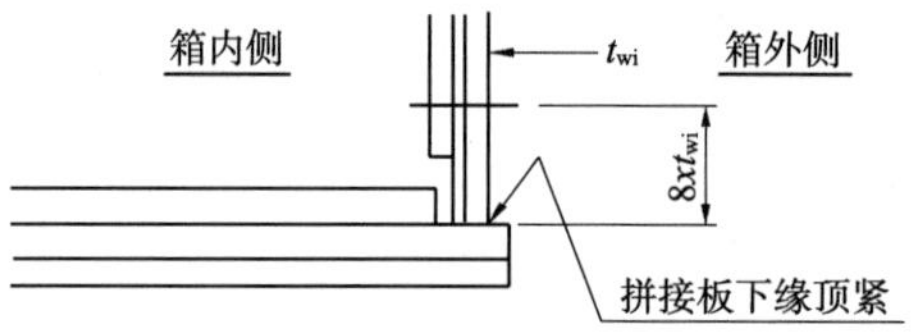

§4 传剪器设计

4.1 水平剪力计算

纵向水平力
- 竖直方向荷载——二期恒载，列车荷载，运营动力荷载（D_2, L, μ）
- 桥轴方向荷载——长轨伸缩力（N）
- 桥轴方向荷载——制动力或者牵引力（B）
- 桥轴方向内力——混凝土干燥收缩（SH）
- 桥轴方向内力——温度差（T）

4.1.1 竖向剪力引起的纵向水平力

$$T = \frac{V \cdot S}{m \cdot I_0}\alpha$$

式中 I_0——结合梁截面的换算惯性矩（钢截面）；

S——结合梁截面的换算面积矩（钢截面）$S = A_c \times d_c / n$；

V——竖向剪力；

m——横截面上每排传剪器个数；

α——1 列传剪器的分担率。

（1）截面特性计算以及一览表

项目			端支点	L/8	2L/8	3L/8	4L/8
$n=15$	A_C	mm^2	1 512 000	1 512 000	1 512 000	1 512 000	1 512 000
	I_v	mm^4	420 423 000 000	544 865 000 000	633 225 000 000	633 225 000 000	649 489 000 000
	d_{vc}	mm	993	1 201	1 348	1 348	1 375
	S	mm^3	100 094 400	121 060 800	135 878 400	135 878 400	138 600 000
$n=10$	A_C	mm^2	1 512 000	1 512 000	1 512 000	1 512 000	1 512 000
	I_v	mm^4	462 535 530 000	607 271 410 000	712 520 750 000	712 520 750 000	732 129 000 000
	d_{vc}	mm	835	1 025	1 163	1 163	1 188
	S	mm^3	126 252 000	154 980 000	175 845 600	175 845 600	179 625 600

（2）传剪器的分担率

1 列传剪器的分担率

$$\begin{aligned}\alpha &= b_1 / b \\ &= 3\,100 / 5\,400 \\ &= 0.5741\end{aligned}$$

b_1：取箱形梁两侧腹板中桥面板最宽的一侧数值。

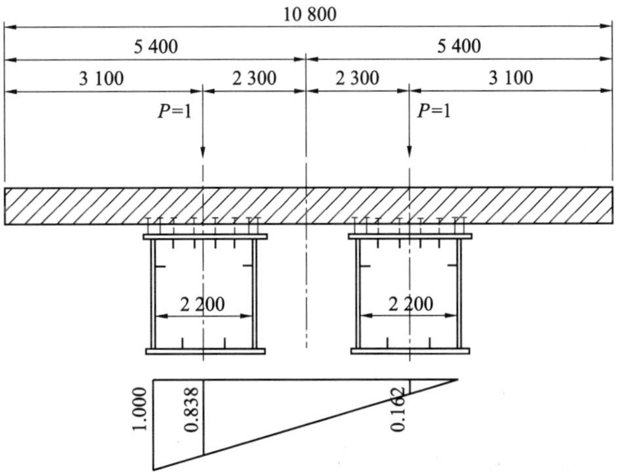

(3)竖向剪力引起的纵向水平力

[kN]

项目		A	a	b	c	d
		端支点	L/8	2L/8	3L/8	4L/8
竖向剪力	V_{D2}	3 298.0	2 473.0	1 649.0	824.0	0.0
	V_L	2 330.1	1 829.0	1 381.5	993.5	668.0
	V_μ	582.3	490.5	399.5	312.5	229.5

二期恒载

$A\quad T_{D2} = 3\,298.0 \times 10^3 \times 100\,094\,400 / 420\,423\,000\,000 \times 0.5741 = 451\ \mathrm{N/mm}$

$a\quad T_{D2} = 2\,473.0 \times 10^3 \times 121\,060\,800 / 544\,865\,000\,000 \times 0.5741 = 315\ \mathrm{N/mm}$

$b\quad T_{D2} = 1\,649.0 \times 10^3 \times 135\,878\,400 / 633\,225\,000\,000 \times 0.5741 = 203\ \mathrm{N/mm}$

$c\quad T_{D2} = 824.0 \times 10^3 \times 135\,878\,400 / 633\,225\,000\,000 \times 0.5741 = 102\ \mathrm{N/mm}$

$d\quad T_{D2} = 0.0 \times 10^3 \times 138\,600\,000 / 649\,489\,000\,000 \times 0.5741 = 0\ \mathrm{N/mm}$

列车荷载

$A\quad T_L = 2\,330.1 \times 10^3 \times 126\,252\,000 / 462\,535\,530\,000 \times 0.5741 = 365\ \mathrm{N/mm}$

$a\quad T_L = 1\,829.0 \times 10^3 \times 154\,980\,000 / 607\,271\,410\,000 \times 0.5741 = 268\ \mathrm{N/mm}$

$b\quad T_L = 1\,381.5 \times 10^3 \times 175\,845\,600 / 712\,520\,750\,000 \times 0.5741 = 196\ \mathrm{N/mm}$

$c\quad T_L = 993.5 \times 10^3 \times 175\,845\,600 / 712\,520\,750\,000 \times 0.5741 = 141\ \mathrm{N/mm}$

$d\quad T_L = 668.0 \times 10^3 \times 179\,625\,600 / 732\,129\,000\,000 \times 0.5741 = 94\ \mathrm{N/mm}$

运营动力系数

$A\quad T_{L\mu} = 582.3 \times 10^3 \times 126\,252\,000 / 462\,535\,530\,000 \times 0.5741 = 91\ \mathrm{N/mm}$

$a\quad T_{L\mu} = 490.5 \times 10^3 \times 154\,980\,000 / 607\,271\,410\,000 \times 0.5741 = 72\ \mathrm{N/mm}$

$b\quad T_{L\mu} = 399.5 \times 10^3 \times 175\,845\,600 / 712\,520\,750\,000 \times 0.5741 = 57\ \mathrm{N/mm}$

$c\quad T_{L\mu} = 312.5 \times 10^3 \times 175\,845\,600 / 712\,520\,750\,000 \times 0.5741 = 44\ \mathrm{N/mm}$

$d\quad T_{L\mu} = 229.5 \times 10^3 \times 179\,625\,600 / 732\,129\,000\,000 \times 0.5741 = 32\ \mathrm{N/mm}$

疲劳检算时的列车荷载

参照截面力计算,可得出最大剪力:

$$V'_L = Y \times V'_{max} = 0.838 \times V'_{max}$$

式中 Y——单线承载时的影响线值0.838。

$A\quad V'_{Lmax} = 0.838 \times 2\,589 = 2\,170\ \mathrm{kN}$

$a\quad V'_{Lmax} = 0.838 \times 2\,032 = 1\,703\ \mathrm{kN}$

$b\quad V'_{Lmax} = 0.838 \times 1\,535 = 1\,286\ \mathrm{kN}$

$c\quad V'_{Lmax} = 0.838 \times 1\,104 = 925\ \mathrm{kN}$

$d\quad V'_{Lmax} = 0.838 \times 742 = 622\ \mathrm{kN}$

$A\quad V'_{L-\mu} = 0.838 \times 529 = 443\ \mathrm{kN}$

$a\quad V'_{L-\mu} = 0.838 \times 446 = 374\ \mathrm{kN}$

$b\quad V'_{L-\mu} = 0.838 \times 363 = 304\ \mathrm{kN}$

$c\quad V'_{L-\mu} = 0.838 \times 284 = 238\ \mathrm{kN}$

$d\quad V'_{L-\mu} = 0.838 \times 209 = 175\ \mathrm{kN}$

依据换算均布荷载计算，可得出最小剪力。

$$V_{min} = Y \times K_0 \times A = 0.838 \times K_0 \times A$$

V： 竖直剪力（kN，每个梁）

K_0： 换算均布荷载（kN/m，每线）

A： 影响线面积

$A \quad V_{min} = 0.838 \times 500.0 \times 0.0 \times 0 / 8 / 2 = 0.838 \times 0.0 = 0$ kN

$a \quad V_{min} = 0.838 \times 187.5 \times 6.0 \times 1 / 8 / 2 = 0.838 \times 70.3 = 59$ kN

$b \quad V_{min} = 0.838 \times 150.4 \times 12.0 \times 2 / 8 / 2 = 0.838 \times 225.6 = 189$ kN

$c \quad V_{min} = 0.838 \times 133.2 \times 18.0 \times 3 / 8 / 2 = 0.838 \times 449.6 = 377$ kN

$d \quad V_{min} = 0.838 \times 123.7 \times 24.0 \times 4 / 8 / 2 = 0.838 \times 742.2 = 622$ kN

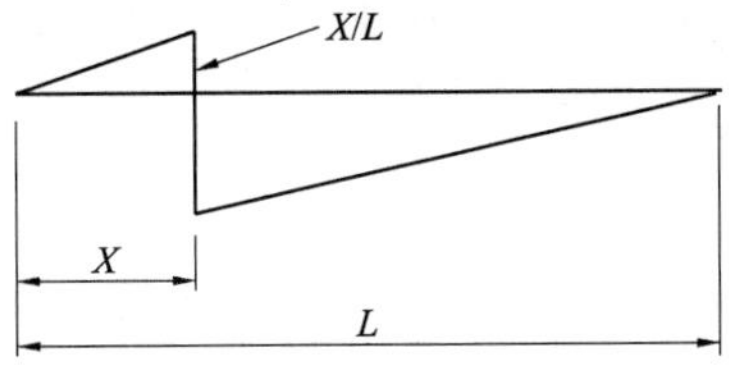

疲劳检算时的运营动力荷载

$$V_{min-\mu} = V_{min} \times \mu_f = V_{min} \times 18 / (40 + X)$$

$A \quad V_{min-\mu} = 0 \times 18 / (40 + 0.0) = 0.0 \times 0.4500 = 0$ kN

$a \quad V_{min-\mu} = 59 \times 18 / (40 + 6.0) = 59.0 \times 0.3913 = 23$ kN

$b \quad V_{min-\mu} = 189 \times 18 / (40 + 12.0) = 189.0 \times 0.3462 = 65$ kN

$c \quad V_{min-\mu} = 377 \times 18 / (40 + 18.0) = 377.0 \times 0.3103 = 117$ kN

$d \quad V_{min-\mu} = 622 \times 18 / (40 + 24.0) = 622.0 \times 0.2813 = 175$ kN

[kN]

项目		A	a	b	c	d
		端支点	L/8	2L/8	3L/8	4L/8
竖向剪力	V_{Lmax}	2 170	1 703	1 286	925	622
	$V_{\mu f}$	443	374	304	238	175
	V_{Lmin}	0	-59	-189	-377	-622
	$V_{\mu f}$	0	-23	-65	-117	-175

列车荷载（疲劳检算用－最大剪力）

$A \quad T_L = 2\,170 \times 10^3 \times 126\,252\,000 / 462\,535\,530\,000 \times 0.5741 = 340$ N/mm

$a \quad T_L = 1\,703 \times 10^3 \times 154\,980\,000 / 607\,271\,410\,000 \times 0.5741 = 250$ N/mm

$b \quad T_L = 1\,286 \times 10^3 \times 175\,845\,600 / 712\,520\,750\,000 \times 0.5741 = 182$ N/mm

$c \quad T_L = 925 \times 10^3 \times 175\,845\,600 / 712\,520\,750\,000 \times 0.5741 = 131$ N/mm

$d \quad T_L = 622 \times 10^3 \times 179\,625\,600 / 732\,129\,000\,000 \times 0.5741 = 88$ N/mm

运营动力系数（疲劳检算用）

$A \quad T_L = 443 \times 10^3 \times 126\,252\,000 / 462\,535\,530\,000 \times 0.5741 = 69$ N/mm

$a \quad T_L = 374 \times 10^3 \times 154\,980\,000 / 607\,271\,410\,000 \times 0.5741 = 55$ N/mm

$b \quad T_L = 304 \times 10^3 \times 175\,845\,600 / 712\,520\,750\,000 \times 0.5741 = 43$ N/mm

$c \quad T_L = 238 \times 10^3 \times 175\,845\,600 / 712\,520\,750\,000 \times 0.5741 = 34$ N/mm

$d \quad T_L = 175 \times 10^3 \times 179\,625\,600 / 732\,129\,000\,000 \times 0.5741 = 25$ N/mm

列车荷载(疲劳检算用 - 最小剪力)

A	T_L	=	0	×	10^3	×	126252000	/	462535530000	×	0.5741	= 0 N/mm
a	T_L	=	-59	×	10^3	×	154980000	/	607271410000	×	0.5741	= -9 N/mm
b	T_L	=	-189	×	10^3	×	175845600	/	712520750000	×	0.5741	= -27 N/mm
c	T_L	=	-377	×	10^3	×	175845600	/	712520750000	×	0.5741	= -53 N/mm
d	T_L	=	-622	×	10^3	×	179625600	/	732129000000	×	0.5741	= -88 N/mm

运营动力系数(疲劳检算用)

A	T_L	=	0	×	10^3	×	126252000	/	462535530000	×	0.5741	= 0 N/mm
a	T_L	=	-23	×	10^3	×	154980000	/	607271410000	×	0.5741	= -3 N/mm
b	T_L	=	-65	×	10^3	×	175845600	/	712520750000	×	0.5741	= -9 N/mm
c	T_L	=	-117	×	10^3	×	175845600	/	712520750000	×	0.5741	= -17 N/mm
d	T_L	=	-175	×	10^3	×	179625600	/	732129000000	×	0.5741	= -25 N/mm

4.1.2 桥轴方向荷载引起的纵向水平力

长轨伸缩力

$$T_N = N \times \alpha = 7.0 \times 0.5741 = 4.0\ \text{N/mm}$$

制动力(牵引力)

$$T_B = B / L \times Y \times \alpha$$
$$= 332.1 \times 10^3 / (48.00 \times 10^3) \times 0.838 \times 0.5741$$
$$= 3.3\ \text{N/mm}$$

4.1.3 混凝土干燥收缩引起的水平剪力

接合面上由于混凝土干燥收缩引起的纵向剪力应由梁端部一段范围内的传剪器承受,并按下列方式计算。
L_{cs}:取箱形梁腹板中心间隔或者跨长的1/10中的小值。

$$L_{cs} = \text{Min}(2200, 48000 / 10) = 2200\ \text{mm}$$

V_s = 1304 kN (3.5.3 截面内力计算得出)

$$T_h = 2 \times V_s \times \alpha / L_{cs}$$
$$= 2 \times 1304 \times 10^3 \times 0.5741 / 2200 = -680.6\ \text{N/mm}$$

4.1.4 温度变化引起的水平剪力

V_t = 1631 kN (3.5.3 截面内力计算得出)

$$T_t = 2 \times V_t \times \alpha / L_{cs}$$
$$= 2 \times 1631 \times 10^3 \times 0.5741 / 2200 = \pm 851\ \text{N/mm}$$

4.1.5 荷载组合表

① 二期恒载 + 混凝土干燥收缩影响(略) + 列车荷载 + 运营动力荷载 + 长轨伸缩力

$$T_{D2} + T_L + T_\mu + T_N \leqslant [T] \cdot \text{or} \cdot [T_n]$$

② 二期恒载 + 混凝土干燥收缩影响(略) + 列车荷载 + 长轨伸缩力 + 制动力

$$T_{D2} + T_L + T_N + T_B \leqslant 1.25 \cdot [T]$$

③　二期恒载＋混凝土干燥收缩影响(略)＋列车荷载＋运营动力荷载＋长轨伸缩力＋温度力

$$T_{D2} + T_L + T_\mu + T_N + T_t \leqslant 1.2 \cdot [T]$$

④　二期恒载＋混凝土干燥收缩影响＋长轨伸缩力＋温度力

$$T_{D2} + T_{sh} + T_N + T_t \leqslant 1.2 \cdot [T]$$

作用水平剪力组合表

(N/mm)

项　目	类　别	*A*	*a*	*b*	*c*	*d*
基本纵向水平剪力	T_{D2}	451.0	315.0	203.0	102.0	0.0
	T_{sh}	−680.6				
	T_L	365.0	268.0	196.0	141.0	94.0
	T_μ	91.0	72.0	57.0	44.0	32.0
	T_N	±4.0	±4.0	±4.0	±4.0	±4.0
	T_B	3.3	3.3	3.3	3.3	3.3
	T_t	±851.2				
①$T_{D2}+T_L+T_\mu+T_N$		911.0	659.0	460.0	291.0	130.0
②$T_{D2}+T_L+T_N+T_B$		823.3	590.3	406.3	250.3	101.3
③$T_{D2}+T_L+T_\mu+T_N+T$		1 762.2	659.0	460.0	291.0	130.0
④$T_{D2}+T_{sh}+T_N+T_t$		−1 084.8				
①/1.0		911	659	460	291	130
②/1.25		659	472	325	200	81
③/1.2		1 469	549	383	243	108
④/1.2		−904				
疲劳检算用	T_{D2}	451	315	203	102	0
	T_{Lmax}	340	250	182	131	88
	$T_{\mu f-max}$	69	55	43	34	25
	T_{lmin}	0	−9	−27	−53	88
	$T_{\mu f-min}$	0	−3	−9	−17	−25
最大值 $T_{D2}+T_{Lmax}+T_{\mu f-max}$		860	620	428	267	113
最小值 $T_{D2}+T_{Lmin}+T_{\mu f-min}$		451	303	167	32	−113
变化值 $T_{max}-T_{min}$		409	317	261	235	226

4.2 传剪器容许应力计算

(1)梁端部刚性传剪器

$Q_u = 0.00162 \times R = 0.00162 \times 550 \times 10^6 = 891000$ N

公式中 R 表示混凝土标号(kg/cm^2 单位制)。

(2)大头钉传剪器

在缺乏大头钉设计资料时,此算例参照日本《铁道构造物等设计标准·同解说　钢与混凝土结合梁》中的计算公式进行设计。

$H/d \geqslant 5.5$ 时:

$$V_u = \frac{16 \times d^2 \times \sqrt{\sigma_{ck}} / K}{1 - 0.7 \times (\tau_{min} / \tau_{max})} \leqslant 16 \times d^2 \times \sqrt{\sigma_{ck}} / K$$

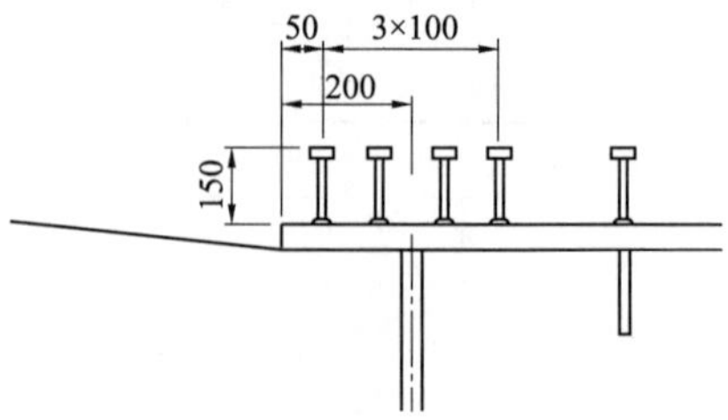

$H/d < 5.5$ 时:

$$V_u = \frac{3 \times d \times H \times \sqrt{\sigma_{ck}} / K}{1 - 0.7 \times (\tau_{min} / \tau_{max})} \leqslant 3 \times d \times H \times \sqrt{\sigma_{ck}} / K$$

式中 V_u——1 个大头钉的容许承载力(N);

d——大头钉的直径(mm);

H——大头钉的高度(mm);

σ_{ck}——混凝土抗压强度的特征值(N/mm^2);

τ_{max}——作用于大头钉的最大剪应力(N/mm^2);

τ_{min}——作用于大头钉的最小剪应力(N/mm^2)。

设计条件 $H = 150$ mm

$d = 25$ mm

$\sigma_{ck} = 37$ N/mm^2

$H/d = 6.0 > 5.5$

$K = 2.5$ 安全系数

A $V_u = [16 \times 25 \times 25 \times \sqrt{37} / 2.5] / (1 - 0.7 \times 451 / 860)$

$= 24331 / 0.633$

$= 38443$ N > 24331 N 使用值:24 331 N

a $V_u = [16 \times 25 \times 25 \times \sqrt{37} / 2.5] / (1 - 0.7 \times 303 / 620)$

$= 24331 / 0.658$

$= 36983$ N > 24331 N 使用值:24 331 N

b $V_u = [16 \times 25 \times 25 \times \sqrt{37} / 2.5] / (1 - 0.7 \times 167 / 428)$

$= 24331 / 0.727$

$= 33474$ N > 24331 N 使用值:24 331 N

c $V_u = [16 \times 25 \times 25 \times \sqrt{37} / 2.5] / (1 - 0.7 \times 32 / 267)$

$= 24331 / 0.916$

$= 26559$ N > 24331 N 使用值:24 331 N

d $V_u = [16 \times 25 \times 25 \times \sqrt{37} / 2.5] / [1 - 0.7 \times (-113) / 113]$

$= 24331 / 1.700$

$= 14312$ N < 24331 N 使用值:14 312 N

4.3 传剪器间隔

区间	传剪器间隔							实际使用间隔				
	传剪器布置		容许承载力		作用力		容许间隔	容许承载力		使用间隔		容许值
	n		V_u		T		S	$\sum V_u$		$[S]$		$[T]$
	(个数/列)		(N)		(N/mm)		(mm)	(N)		(mm)		(N/mm)
梁端	1	×	891 000	/	1 469	=	606.5	891 000	/	600	=	1485
$A-a$	4	×	24 331	/	911	=	106.8	97 324	/	100	=	973
$a-b$	4	×	24 331	/	659	=	147.7	97 324	/	125	=	779
$b-c$	4	×	24 331	/	460	=	211.6	97 324	/	200	=	487
$c-$	4	×	24 331	/	291	=	334.4	97 324	/	250	=	389
$-d$	4	×	14 312	/	226	=	253.3	57 248	/	250	=	229

4.4 传剪器配置图

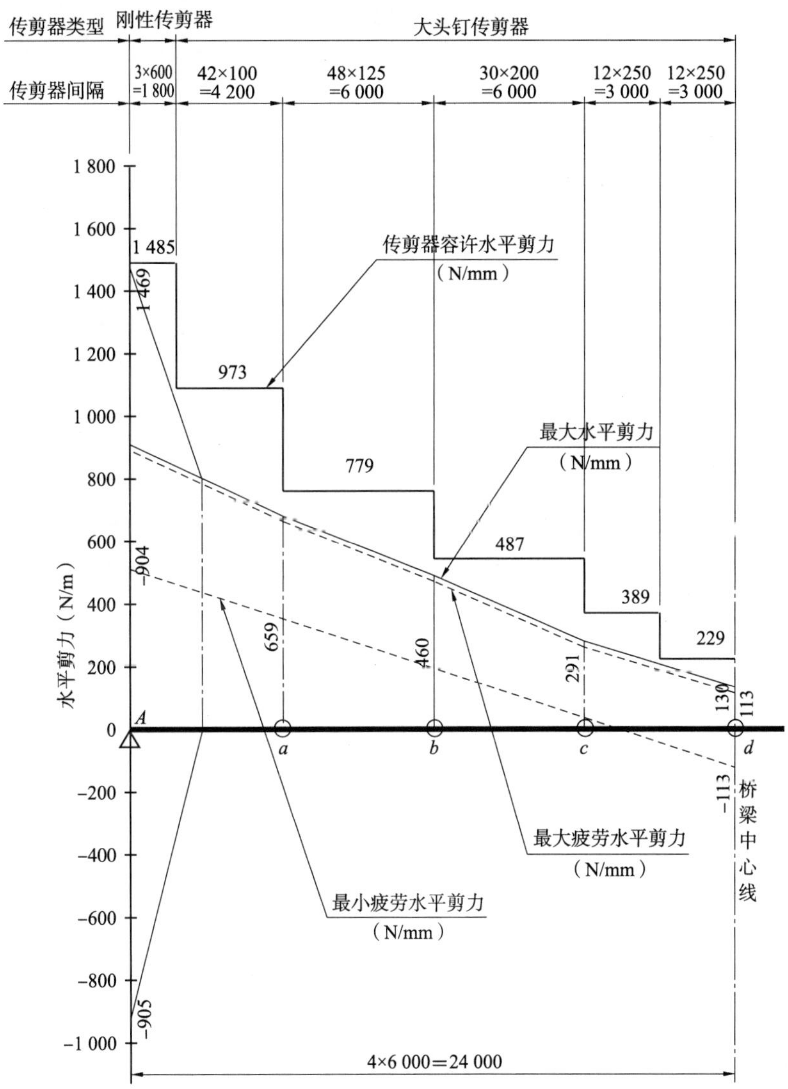